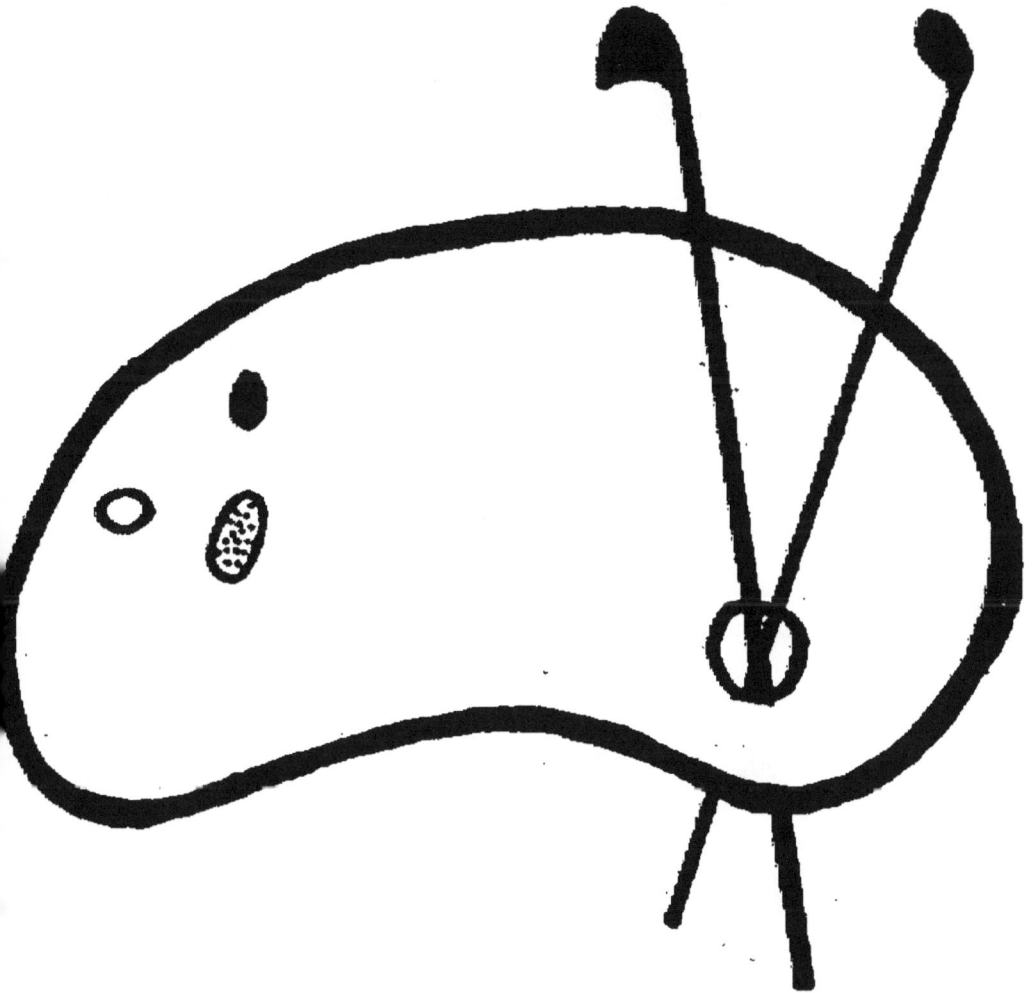

COUVERTURE SUPERIEURE ET INFERIEURE
EN COULEUR

ᖷ,

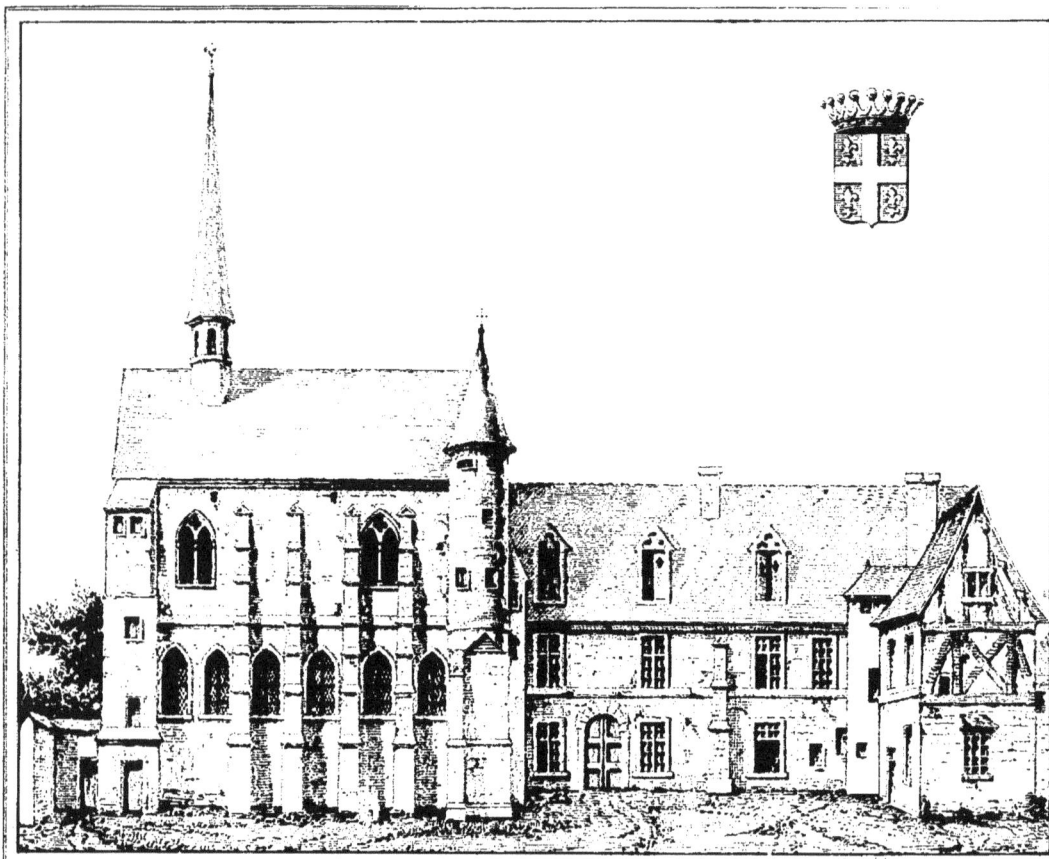

VUE DE L'ÉVÊCHÉ DE CHÂLONS.

Construit vers 1460 par Geoffroy III de Saint Géran, démoli en 1769.

Chapelle Sainte Madeleine (XIIIᵉ-XIVᵉ s.) Palais Épiscopal

Publiée pour la première fois d'après un dessin de la Bibliothèque Impériale.

25

CARTULAIRES

DE L'ÉVÊCHÉ ET DU CHAPITRE SAINT-ÉTIENNE

DE CHALONS-SUR-MARNE,

— HISTOIRE ET DOCUMENTS, —

PAR M. ÉDOUARD DE **BARTHÉLEMY**,

Correspondant des Comités historiques près le ministère de l'Instruction
publique , etc.

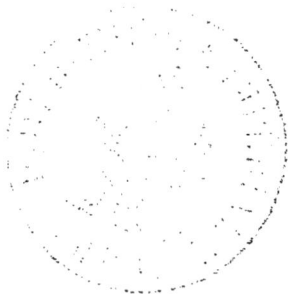

———

D'or ne d'argent ne tust mie faitv
Pour paour que je ne fusse deffaite.
    (Dicton sur la crosse de l'évêque de Châlons

Et decus et robur.
    Devise de l'évêché de Châlons

. . . . .

CHALONS,   **PARIS,**

BONIEZ-LAMBERT, Éditeur,   Victor DIDRON, Libraire,

14—16, rue d'Orfeuil.   13, rue Hautefeuille.

1855.

CARTULAIRES

DE

DE L'ÉVÊCHÉ ET DU CHAPITRE SAINT-ÉTIENNE

DE CHALONS-SUR-MARNE,

— HISTOIRE ET DOCUMENTS ; —

Par Edouard de BARTHÉLEMY,

Correspondant du Comité de l'histoire, de la langue et des arts de la France près le ministère de l'instruction
publique ; des commissions archéologiques de la Marne, du grand duché de Luxembourg, etc.

AVANT-PROPOS.

Le travail que nous publions aujourd'hui et auquel nous travaillons depuis longtemps déjà, a, nous devons le dire tout d'abord, deux buts : celui de faire connaître trois précieux recueils de chartes qui présentent un haut intérêt au point de vue paléographique, et celui de donner l'historique des évêques qui ont occupé le siége de Châlons, en y joignant un aperçu de l'état de l'église au moyen âge, sujet peu exploré dans notre pays, et qui offre une vaste carrière aux recherches. Les documents qui nous ont permis d'entreprendre ce travail sont nombreux : en première ligne viennent le grand cartulaire de Saint-Étienne et le petit cartulaire de la même église ; nous donnons ce dernier dans son entier ; le cartulaire de l'évêché, où sont réunies pêle-mêle des copies de chartes, des listes de seigneurs vassaux du prélat, des formules de serments, etc.; un énorme registre conservé aux archives de l'hôtel de ville, écrit au commencement du XVIe siècle, et contenant l'énumération des droits et prérogatives de l'évêché ; les archives de l'évêché et celles du chapitre conservées au dépôt de la Préfecture, avec une collection de deux cent cinquante-deux registres des XVe au XVIIIe siècles, touchant toutes les affaires ecclésiastiques, et enfin quelques liasses détachées aux archives de l'hôtel de ville et concernant principalement les affaires domaniales de l'évêché et ses démêlés avec la municipalité.

Nous relèverons tous les faits intéressants de nos cartulaires nous leur donnerons de l'ordre et les résumerons, tel sera le principal objet de cette étude. Pour ne pas nous étendre trop loin, nous laisserons de côté les questions de personnes et de terres, qui exigeraient de longues explications, et qui d'ailleurs ont déjà été traitées avec trop de succès par d'éminents auteurs pour que nous osions y revenir. Les documents que nous fournissent les cartulaires de l'église de Châlons seraient insuffisants, sans les riches archives du chapitre et de l'évêché, pour permettre de faire une histoire des prélats et des chanoines de notre ville ; mais ils sont très propres à nous donner une idée exacte du pouvoir temporel et des possessions dont cette église jouissait autrefois. C'est à ce point de vue qu'ils sont intéressants et qu'ils nous fourniront de curieux renseignements. Cependant, nous croyons, avant d'entrer en matière, devoir mettre nos lecteurs à même de savoir ce qu'était l'église au moyen âge, de se faire une idée de son rôle, de son importance dans le monde, de son autorité sur les masses, et de son influence sur les classes élevées.

PREMIÈRE PARTIE.

I.

De l'Église au moyen âge. — son influence, — ses cérémonies, — ex-
communications, — asiles, — enseignement public, — bienfaits du clergé,
— son intervention entre les particuliers, — son pouvoir, — ses institutions étroitement unies à celles de l'État.

Il est impossible d'imaginer un plus beau rôle que celui
de l'Église au moyen âge, impossible aussi de le désirer
mieux rempli. L'influence du clergé était immense à cette
époque en France, et depuis le jour où Clovis reçut le baptême des mains de saint Remy, nous voyons les évêques dans
les palais, admis à tous les conseils, dirigeant les affaires;
nous les retrouvons dans les provinces à la tête des municipalités, administrant les villes et pliant le peuple sous leur
autorité; ils formaient en réalité le premier ordre de l'État:
les prêtres étaient en effet plus à même que tous autres
d'exercer cette salutaire influence. Sous les rois Mérovin-
giens, le peuple se souvenait encore de l'invasion des
barbares, et n'avait pas oublié que les évêques avaient
été les seuls de leurs chefs qui fussent restés à leur poste en
face de ce torrent, représentant à la fois alors le pouvoir
religieux, municipal et militaire quelquefois. Tous se rap-
pelaient l'héroïque conduite de saint Loup à Troyes, de saint
Nicaise à Reims, de saint Alpin à Châlons, de saint Léon
à Rome, et enfin de sainte Geneviève qui sauva Paris. De
tels exemples avaient acquis une immense popularité au
clergé en même temps qu'ils diminuaient sensiblement le
respect envers des fonctionnaires que l'on avait vu fuir devant le danger : de plus, les admirables principes du catholicisme, sa morale, son organisation intérieure, ses
pompeuses cérémonies, et par-dessus tout l'éclatante célé-
brité d'un si grand nombre de ses membres à ces temps
reculés, devaient lui donner un ascendant considérable sur
une société qui cherchait à se fonder et ne demandait qu'une
direction pour la conduire. C'est là précisément la cause de

l'intime liaison qui existe entre l'histoire des cinq premiers siècles de la monarchie française et l'histoire de l'église et de ses institutions.

La fusion qui devait plus tard s'opérer entre la race Franque et les Gallo-Romains était loin d'exister à la fin du vi° siècle, les grands seuls se mêlaient aux Gaulois, et les soldats avaient conservé tout leur mépris pour ces derniers : à la moindre occasion, ils pillaient sans scrupules les grandes maisons romaines et réduisaient les hommes libres en servitude. Chilpéric lui-même, le quatrième successeur de Clovis, qui affectait la pompe romaine, bâtissait des cirques, donnait des spectacles, se prétendait grammairien, poète et théologien, n'était qu'un barbare qui cherchait à maintenir son indépendance et à remplir le plus possible les coffres de son trésor en traitant ses sujets avec une sévérité que saint Grégoire de Tours compare à celle des Pharaons d'Egypte envers les Juifs(1). En face de cette force brutale, le peuple ne trouvait de protection que près du clergé, et encore les prêtres avaient besoin de toute leur énergie, de tout leur courage pour se maintenir en présence de rois qui se plaignaient de voir leurs dignités, et leurs richesses, transportées aux évêques (2) Ils conservèrent pourtant leur indépendance ; l'Eglise était toujours maîtresse du dogme et des esprits, et avait acquis une trop haute autorité temporelle pour pouvoir la perdre. Les prélats battaient monnaie, gouvernaient presque souverainement les villes, levaient des troupes et se trouvaient mêlés aux premiers rangs de l'aristocratie : aussi maintinrent-ils leurs privilèges intacts, et virent-ils s'augmenter le nombre de leurs hommes libres, soit en accordant aux laïques la tonsure qui leur assurait l'immunité ecclésiastique, soit en acceptant des donations de fiefs, dont les propriétaires conservaient l'usufruit pour devenir les hommes-liges des évêques; on se fit clerc, on se fit domestique de l'Église pour jouir de ses privilèges (5). C'est ainsi qu'une partie de la population gauloise obtint la liberté à l'ombre des autels, et que la popularité du clergé devint immense. « C'est dans le sanctuaire des basiliques,

(1) Grégoire de Tours, liv. vi, chap. 48.
(2)   *Idem*,   liv. vi, chap. 46.
(3) *Vita martyr.* chap. 20.

4

près des tombeaux de leurs saints que se réfugiaient les malheureux de toute condition, de toute origine, le Romain dépouillé de ses domaines, le Franc poursuivi par la colère d'un roi ou la vengeance d'un ennemi, des bandes de laboureurs fuyant devant des bandes de barbares, toute une population qui n'avait ni lois à réclamer, ni magistrats à invoquer. Dans les églises seulement quelque ombre de droit subsistait encore, et la force se sentait saisie de quelque respect. Les évêques n'avaient pour défendre cet unique asile des faibles que l'autorité de leur langage, de leur mission, de leur censure; il fallait qu'au nom seul de la foi ils réprimassent des vainqueurs féroces, ou rendissent quelqu'énergie à de misérables vaincus. Enfin, ils exerçaient la seule magistrature morale qui demeurât debout au milieu de la société bouleversée, magistrature à coup sûr la plus périlleuse qui fut jamais(1).» L'excommunication était la grande arme du clergé à cette époque; mais aussi c'était un moyen infaillible devant lequel venait se briser le courage le plus invincible, la puissance la plus souveraine et la plus sauvage. Celui que l'évêque excommuniait régulièrement se voyait aussitôt abandonné de tous, l'accès des églises lui était interdit. Quand c'était un roi, tout le pays se trouvait enveloppé dans la même interdiction; les temples étaient tendus de noir, les cloches demeuraient muettes, des fagots d'épines obstruaient les portes, les images sacrées et les reliques étaient déposées à terre. Le service divin était interrompu, et les populations désolées devaient intervenir pour sauver leur culte et rendre la liberté à ses belles cérémonies.

Mais ce serait aussi se faire une fausse idée des églises à cette époque, que de se les imaginer comme nous les voyons aujourd'hui; de même que le peuple alors excédait par ses croyances la foi qui lui était demandée, de même aussi il dépassait par ses actes les pratiques consacrées par la religion. Ainsi les acclamations étaient passées des cirques dans les basiliques; on applaudissait les prédicateurs. Une fois le roi Sigebert reçut à la messe, le jour de Pâques, un messager qui lui dit : « il t'est né un fils. » Par hasard,

(1) GUIZOT.— Notice sur saint Grégoire de Tours.

a ce moment, le diacre prononçait les mêmes paroles dans l'Evangile, et la foule mêla des cris de joie aux chants des prêtres (1). Un autre jour, c'est le roi Gontran qui, un dimanche après l'évangile, exhorta ses sujets à lui demeurer fidèles (2). C'est la reine Frédégonde qui, recevant un messager dans une église de Paris, le fit dépouiller de ses armes et chasser honteusement (3). Les églises servaient encore de lieux publics pour passer les actes solennels ou privés des citoyens; c'était auprès des autels que se prononçaient les affranchissements des serfs; elles servaient aussi d'archives municipales, de granges (4); on y rendait les fameux jugements de Dieu; les malades y venaient chercher la guérison de leurs maux; quelquefois même on y tenait des festins, et des chants profanes retentissaient sous les voûtes sacrées (5).

Le clergé, présent à tous les actes de la vie des citoyens, mêlé à tous les événements publics et privés; le clergé, qui disposait en quelque sorte de la vie des coupables et des malheureux avec son droit d'asile que les plus hardis n'osaient enfreindre, joignait à ces puissants moyens d'influence le monopole de l'enseignement; tout ce qu'il y avait alors de savant, d'instruit, portait la robe ecclésiastique, ou, à de rares exceptions, avait passé sa jeunesse dans les monastères à écouter les leçons des prêtres. L'éducation était dans ses mains, et ce n'était pas, on le comprend sans peine, au détriment de sa popularité. En outre encore, par ses immenses richesses l'Eglise était à même de secourir mille infortunes, tendait la main à des malheureux repoussés par les seigneurs laïcs, établissait des hospices pour les voyageurs, des infirmeries pour les malades, rachetait les captifs, visitait et secourait les prisonniers, défrichait les terres et y mettait des colons; elle était le seul lien entre les diverses classes de la société, et était le seul frein possible entre des rivaux dans les veines desquels cou-

(1) Grégoire de Tours, liv. VIII, chap. 4.
(2)   dem,   liv. VII, chap. 8.
(3)   dem,   liv. VII, chap. 15.
(4) *Theodeb. capitularia*, chap. VIII.
(5) Aunacaire, évêque d'Auxerre au VIe siècle, tint un synode pour défendre les banquets, les danses et les chants des jeunes filles dans les églises.

lait un sang à demi-barbare. C'est elle qui intervenait au milieu de ces luttes sanglantes que les seigneurs soulevaient à chaque instant, entraînant avec eux tout un peuple que remuaient ces absurdes hostilités. Enfin, et pour achever ce bref tableau, nous devons dire que les institutions religieuses étaient merveilleusement disposées pour remplir le but auquel la Providence les avait désignés. Cette hiérarchie de l'évêque, des chapitres, qui à ces temps n'avaient pas cherché encore à secouer le joug épiscopal, des prêtres, des moines, des clercs, répondait le mieux du monde aux besoins de la société, établissait entre ses membres une étroite solidarité, et permettait au plus obscur des serfs de s'approcher de ce foyer de lumière, et de lui demander aide et protection.

Le clergé arriva à l'apogée de sa puissance sous Charlemagne et ses successeurs. Ce grand empereur sentit tout le profit qu'il pouvait retirer de la bienveillance de cette puissante association, et l'entoura de soins et de respects. En même temps qu'il cherchait à réprimer certains abus qui s'étaient introduits avec l'extension du clergé et l'introduction des races germaniques dans le sacerdoce, il multiplia les conciles, employa les évêques comme ministres, comme envoyés royaux, les appela dans ses conseils, dans les assemblées publiques, accrut la juridiction des tribunaux ecclésiastiques, augmenta les richesses des églises, confia en quelque sorte aux prêtres les mariages, les testaments, etc.

Rappelons aussi en terminant que l'église des Francs, comme l'a écrit un savant historien, était éminemment nationale (1); qu'alors les principes et les intérêts du clergé n'étaient pas moins nationaux que son pouvoir ; que si, sous Louis-le-Débonnaire, le pape Grégoire IV avait voulu se mêler à nos discordes civiles et soutenir des fils rebelles contre un père trop faible, les évêques intervinrent, et osèrent lui dire qu'il n'avait pas le droit d'excommunier qui que ce fût malgré eux dans leurs diocèses. On pourrait ajou-

_____

[1] Étude sur l'Église au moyen âge, par M. Guérard, de l'Institut, dans le bulletin de la Société de l'histoire de France. [Voyez aussi son cartulaire de Notre-Dame de Paris, dans la collection des documents inédits de l'*Histoire de France,* tome I, préface.]

ter bien des exemples à celui-là : comme Charles-le-Chauve déclinant, en 871, la compétence de la cour de Rome, à l'égard des ecclésiastiques français jugés suivant les lois françaises ; mais nous ne voulons pas nous étendre davantage dans un cadre aussi restreint, n'ayant eu pour dessein que de montrer que l'église avait été le grand civilisateur du moyen âge, et avait le plus activement travaillé au progrès des idées et des hommes. Lorsqu'on étudie de près cette intéressante question, on se trouve profondément convaincu que le plus grand bonheur de la société, en ce moment à l'état d'enfance, avait été la grande influence de l'église, et à chaque pas on découvre que son autorité était bien moins onéreuse que celle des rois et des seigneurs laïques.

Ce tableau est exact pour les deux premières races de nos rois ; mais il serait bien fautif, si on voulait l'appliquer à la dynastie Capétienne. Le monarque alors régnait par lui-même, et à mesure que sa domination s'éleva, celle du clergé diminua jusqu'au moment où elle lui fut entièrement soumise. La création des communes donna d'abord une certaine liberté, établit un intermédiaire entre le souverain et le peuple, et rendit l'intervention des évêques moins utile ; l'institution des notaires royaux enleva aux prêtres une partie essentielle de leurs attributions ; l'entretien des troupes rendit plus sûres les routes et fit abandonner leurs hospices, sortes de caravansérails, où chacun trouvait un abri ; l'affranchissement progressif des serfs, la régularisation dans l'exercice de la justice, et diverses autres causes qu'il serait trop long d'énumérer, minèrent peu à peu la suprématie épiscopale pour y substituer celle du roi, ce qui arriva complètement après les guerres des Anglais, qui rendirent nécessaires une puissante direction et une autorité unique. Mais l'église a conservé au milieu de tous ces changements son influence morale. On voit la foule se presser dans ses cathédrales, à ses pompeuses cérémonies, et l'on trouve là un irréfragable témoignage contre ses détracteurs qui se sont plu à rassembler les abus et les excès de pouvoir de quelques époques, en fermant les yeux sur l'immensité des services, et en voulant rendre tout un corps solidaire des fautes de quelques-uns de ses membres.

II.

Évêché de Châlons-sur-Marne.

Les évêques de Châlons (1).

L'histoire des évêques de Châlons est la préface nécessaire, le corollaire indispensable de l'histoire de l'église St-Étienne. Depuis saint Memmie, l'apôtre de la Champagne, jusqu'à notre temps, la liste chronologique de nos prélats compte quatre-vingt treize noms dont la distinction rendrait, s'il y avait besoin, un puissant témoignage en faveur du catholicisme français. Huit saints, des écrivains, des hommes d'état figurent dans cette longue nomenclature, et chaque homme éminent représente à sa date le mouvement des esprits et les tendances les plus remarquables des idées du clergé national.

En remontant aux origines, nous trouverons cette obscurité qui environne sur toute la France la propagation première du christianisme, malgré les efforts qu'ont tenté les savants les plus consciencieux pour déchirer ce voile. Le plus ancien de nos évêques, saint Memmie, a-t-il vécu au 1er ou au III° siècle de notre ère? C'est la question que se sont posée tous les écrivains ecclésiastiques, et qui a donné naissance à de longues controverses. L'autorité de la légende,

(1) Pour ne pas multiplier les notes, nous mettons ensemble ici les sources où l'on trouve les renseignements sur ce sujet :

Annales ecclésiastiques de Châlons en Champagne pour la succession des évêques de cette ville, par le père Rapine, in-8° (1630).

Annales historiques de Châlons-sur-Marne, par Buirette de Verrières, 2 vol. in-8° (1788).

Notice sur la Cathédrale de Châlons-sur-Marne, par l'abbé Estrayez de Cabassole, in-8° (1843).

Institutions religieuses de Châlons, par M. J. Garinet, in-8° [1839].

Histoire des Évêques de Châlons, par M. Povillon-Piérard; manuscrit à la bibliothèque de Châlons.

Documents réunis par dom François, au même dépôt.

Gallia Christiana, tome IX, metropolis Remensis.

Enfin, les *Bollandistes,* sans lesquels l'histoire ecclésiastique du moyen âge est impossible à notre avis.

La liste des évêques établie dans la géographie de la France, de MM. Badin et Quentin (volume de la Marne), renferme de nombreuses erreurs : on y a entre autres introduit un évêque *Chaming* au VII° siècle, faisant deux personnages de Félix II, *dit* Chaminges.

les avis du cardinal Baronius et d'autres auteurs sérieux
font vivre saint Memmie au même temps que saint Pierre.
« Saint Memmie, dit la légende, à une époque très reculée se rendit à Châlons, où sa parole ne tarda pas à con-
vertir la majeure partie de la population. Quand il se crut
assez fort et assez soutenu par le peuple pour ne plus garder de ménagements, il dépouilla les payens de leur plus
beau temple dédié à Apollon, et situé près de la porte des
Monts, pour le consacrer à saint Pierre. Près de là il ne
tarda pas à faire construire une chapelle sous le vocable
de saint Jean-Baptiste, pour servir de baptistaire aux nouveaux convertis. Ayant ensuite sauvé par ses prières le fils
de Lampas, gouverneur de Châlons, saint Memmie ne ren-
contra plus de résistance, et eut la satisfaction de voir le
paganisme disparaître complètement du pays qu'il évangé-
lisait. Dans la suite, il se retira à Bruxère, faubourg de la
ville, qui devint un village et prit son nom, et y fonda une
sorte de monastère où il mourut. » Saint Memmie serait arrivé vers l'an 42, et aurait vécu jusqu'en 126 environ, ce
qui lui donnerait une assez longue existence. Il vint en effet
dans nos pays avec saint Sinice, qui fonda le siége de Soissons et saint Sixte, qui établit celui de Reims ; ce fait est
incontestable et appuyé par Flodoart, qui écrivit l'histoire
de la métropole rémoise au xe siècle ; mais son récit n'ap-
porte nulle lumière à la question des dates, Flodoart étant
imbu de l'opinion que les Gaules avaient été évangélisées
du vivant des premiers apôtres. Or, ce me semble, le principal argument, le seul pour mieux dire, mis en avant pour
soutenir l'extrême antiquité du christianisme dans les Gaules, repose sur des passages de Tertullien et de saint Iré-
née, qui écrivaient vers l'an 200 en parlant des chrétientés
de Germanie ; que les églises y étaient fondées depuis
longtemps déjà (1). Si, dès l'an 200, des églises existaient
dans ces contrées lointaines, il s'ensuit évidemment que
les missions y doivent remonter au moins au second siècle,
et l'opinion de saint Grégoire de Tours ne peut avoir de
valeur à côté des témoignages de Tertullien et de saint Iré-
née surtout, qui était à Lyon, au centre même des Gau-

(1) « Quœ in Germaniis sunt fundatæ ecclesiæ. »

1*

les. Mais c'est qu'aussi il faut bien remarquer que Tertullien s'occupait très probablement de la partie de la Germanie voisine de l'Italie ; car on le voit joindre immédiatement aux Germains dont il parle, les Sarmates et les Daces (1). Maintenant ce qui s'oppose plus matériellement à l'adoption de cet avis, ce sont les catalogues épiscopaux qui se démentent, se contredisent sans cesse entre eux. Ainsi, l'absence complète de noms d'évêques à Reims entre saint Sixte et Bétause, qui vivait en 306, et à Châlons, la présence de noms assez peu connus depuis saint Memmie jusqu'à saint Alpin ; c'est-à-dire pendant plus d'un siècle encore après le second prélat positivement connu à Reims, six évêques seulement embrassant une période de trois cents ans me paraissent devoir faire repousser absolument l'opinion de Tillemont, de Baronius et des autres partisans de la contemporanéité de saint Memmie et des apôtres (2). De sorte que pour nous ré-

[1] Voyez à ce sujet et pour les diverses opinions *les Monuments inédits des apôtres*, de M. l'abbé Faillou, 2 vol. in-8° ; l'*Histoire ecclésiatique de la Province de Trèves*, par l'abbé Clouet, tome II.

[2] Les Bollandistes repoussent formellement cette extrême antiquité dans leurs *Acta Sanctorum*. A la date du 5 août, ils rapportent tout au long la légende de saint Memmie et de sa sœur, sainte Pomme, qui était venue le rejoindre et avait fondé un monastère de filles. Ils ajoutent ensuite que saint Memmie avait vécu dans le courant du III° siècle, et basent leur opinion sur le raisonnement que nous venons de donner. Voir aussi Grégoire de Tours, *de Gloriâ confessorum*, cap. 66 ; les notes du chanoine Beschefer, jointes à l'édition du *Gallia christiana*, conservée au chapitre de Châlons, ainsi que les auteurs du savant ouvrage qui sont du même avis. Pour les miracles opérés sur le tombeau de notre apôtre, voir Mabillon, *Analect.*, tome 2, page 86 ; il cite une curieuse lettre d'Almanus, moine de Hautvillers, à Theudoinus, prévôt de Châlons, où il dit que le 8 des calendes d'avril 868, par ordre du roi Charles, on avait ouvert le tombeau de saint Memmie, et qu'on y vit son corps miraculeusement soulevé de terre de quatre doigts, et ne tenant nullement aux parois. Le père Rapine a écrit une vie de saint Memmie, dont les Bollandistes rejettent tout le chapitre 14, ainsi que tout ce qu'il dit à la page 25, relativement à sainte Manne, qui n'était pas contemporaine de saint Memmie ; ils repoussent enfin tout ce que les biographes espagnols ont écrit sur saint Memmie, qui aurait été, selon eux, martyrisé à Evora, sous Trajan, en revenant des Gaules. Claude du Molinet a publié à ce sujet une réfutation dédiée à Mgr de Vialart.

Les Bollandistes ne disent presque rien sur SS. Domitien et Donatien. Voici ce que le *Gallia christiana* renferme : « Singulis deinde ejus (*Memmii*) discipulis Donatiano et Domitiano, quos tametsi valde senes sancto magistro successisse volunt, dato circiter decennio, inchoetur seculum quartum in Amabili qui sedere potuerit ad annum usque 320. »

sumer en quelques mots, nous croyons que l'on peut admettre un certain fond de vérité dans la légende de saint Memmie; s'il est plus que douteux que les apôtres des Gaules aient été institués par saint Pierre, il nous paraît du moins certain que la mission de notre apôtre doit se placer entre le IIe et le IIIe siècle, et non plus au milieu du IIIe siècle seulement.

Ce qui concerne les successeurs immédiats de saint Memmie, comme nous venons de le dire, n'est pas mieux connu ; saint Domitien, qu'on lui donne pour premier successeur, souscrivit, en 347, au concile de Sardique, pour rétablir saint Athanase sur son siége, et condamner une fois de plus l'arianisme. Saint Alpin, huitième évêque, a conservé dans nos pays une juste renommée que lui a mérité sa courageuse conduite en face d'Attila. Disciple de saint Loup de Troyes, Alpin vit sans effroi les bandes désordonnées des Huns envahir la Champagne ; il alla au-devant de leur chef, et non seulement obtint le salut de sa ville, mais fit délivrer les nombreux captifs que les barbares gardaient sur le Mont-Aimé. La critique, absurde si souvent et toujours envieuse, a cherché à révoquer ce fait en doute, en expliquant par d'autres causes le bonheur de Châlons, et ne voulant pas reconnaître tant de clémence dans le cœur d'Atilla. Mais nous, nous aimons mieux conserver la pieuse légende, et laisser à saint Alpin, sans le lui contester, l'honneur d'avoir su fléchir par sa parole le plus terrible conquérant qui ait paru dans le monde.

Quand le torrent fut passé, Alpin s'efforça de rendre quelque prospérité à son diocèse ; il fonda, dit-on, la cathédrale sous le vocable de saint Vincent, créa un hôpital, organisa le collége des clercs avec une règle plus sévère. A cette époque, le pouvoir résidait de fait entre les mains des évêques ; les magistrats faisaient défaut, les municipalités désertaient pour éviter les exigences du fisc et les réquisitions de l'ennemi ; le prélat seul restait enchaîné à son troupeau et représentait l'autorité. Saint Alpin mourut en 455. Le sixième siècle vit se succéder sur le siége de Châlons deux frères, également distingués par leur naissance et par leurs lumières : saint Elaphe, dix-septième évêque, né à Limoges, et un des principaux conseillers du roi Sigebert Ier d'Austrasie ; il mourut en Espagne, où la reine Brunehault l'avait envoyé comme ambassadeur (580) ; saint Lumier continua l'œuvre de son frère en faisant travailler à la cathédrale. Enfin Félix 1er, qui vint après lui, vit pendant sa longue prélature fondre bien des maux sur Châlons (589-650 ?). De 605 à 612, l'histoire compte deux disettes, une peste, une inondation, sans parler des nombreux passages de troupes, qui, à cette époque, étaient le signal d'odieux brigandages. Félix néanmoins parvint à établir un certain équilibre, et trouva même assez de ressources pour terminer la cathédrale qu'il consacra cette fois à saint Etienne, et il y fit faire une crypte où il fut enseveli.

Bladalde, au milieu du viiie siècle, étonna par les miracles de sa charité ; il vendit jusqu'à ses meubles pour nourrir les pauvres pendant une affreuse famine qui désola la Champagne.

Loup ii et Erchenraus vécurent dans l'intimité des rois Louis-le-Débonnaire et Charles-le-Chauve, et se firent concéder de larges privilèges. Au sujet d'Erchenraus, les historiens rapportent une anecdote assez originale : notre évêque était au concile de Soissons, et contribua beaucoup à la déposition de Rothalde, titulaire de ce siége. Voyant la foule murmurer contre la décision des pères, Erchenraus se mit à la tête de quelques hommes ardents comme lui, voulut la convaincre non plus par des arguments persuasifs, mais par moyens violents, et engagea avec le peuple une rixe des plus vives (1).

Willebert joua un rôle important dans l'église de son temps (863-877). D'abord trésorier du roi Charles-le-Chauve, il embrassa la carrière ecclésiastique tard, et eut assez de peine à se maintenir à Châlons, l'archevêque Hincmar ayant attaqué très sérieusement son élection. Il se fit une haute réputation par sa piété et sa science ; il rédigea de nombreux capitulaires (2). Ayant accompagné le roi en Italie en 877, il y mourut.

De l'époque où vécut saint Memmie jusqu'au dixième siècle, un seul des prélats Châlonnais, Milon, oublia ses

(1) *Gallia christiana*, tom. IX.
(2) *Capitul.*, page 1284, sans désignation du titre de Willebert. De sorte que Baluze écrit : Foram Willebertum Curnotensem ; mais le doute n'est pas possible.

devo... , et encore ne fut-il qu'un intrus sur le siége de Châlons, et n'est-il pas cité dans le catalogue épiscopal. Bovon II, frère de la reine Frédérune, deuxième femme de Charles-le-Simple, avait embrassé avec ardeur la cause de ce prince. Mêlé aux affaires de l'Etat, et y prenant une part active, Bovon attira sur Châlons la haine des partisans du roi Raoul ; cette ville fut prise par Bozon, comte de la Haute-Bourgogne, livrée aux flammes, et Bovon fut emmené en captivité. Le clerc Milon fut institué à sa place, et loin de réparer les maux de la guerre, se mit à piller les biens ecclésiastiques, à chasser ceux des membres du clergé qui voulaient s'opposer à ses violences, et à ruiner par ces excès le pays (932). A la fin le pape l'excommunia, et Bovon rétabli s'occupa de relever les fortifications et la grosse tour qui devait mettre la cité à l'abri d'un nouveau coup de main. Ces efforts ne servirent à rien, et Gibuin Ier, fils du comte Hugues de Dijon, et successeur de Bovon, ayant activement contribué à la déposition de Hugues de Vermanmandois, élu à cinq ans au siége archiépiscopal de Reims, Robert. comte de Vermandois, vint de nouveau prendre et brûler Châlons (969). Ce Gibuin, que l'historien Glaber cite comme un des cinq plus éminents prélats de France, ouvre la liste de huit évêques, les plus distingués peut-être de ceux qui ont gouverné notre diocèse. Gibuin II, son neveu, qui le premier se créa une cour à l'instar de celles des rois, et établit la souveraine indépendance de nos évêques ; Roger Ier, le fondateur, ou du moins le restaurateur de l'abbaye de Saint-Pierre-aux-Monts ; Roger II, fondateur de l'abbaye de Toussaints, et qui alla en Russie demander la main de la fille du grand duc, pour le roi Henri Ier; Roger III, restaurateur de l'abbaye de Huiron, et chancelier du roi ; Philippe, fils du comte Thibault III de Champagne, et fondateur de l'abbaye de Cheminon ; Hugues, chanoine de Toul, et Guillaume de Champeaux, le maître d'Abailard, l'ami de saint Bernard, qui fonda le monastère de Trois-Fontaines, et fut un des plus intimes conseillers de la couronne (1113-1122).

Guillaume de Champeaux résume parfaitement la pensée qu'on doit se faire de ces anciens prélats, indépendants en présence des rois, humbles et soumis devant la tiare. Cet évêque, appelé maître très profond par l'abbé Guillaume de Saint-Thierry, principal docteur du siècle par Abeilard, très grand homme par les auteurs de la chronique de Maurigniac, et le vénérable par la voix unanime du peuple, assista à divers conciles où fut chaque fois excommunié l'empereur Henri v; Louis-le-Gros l'envoya en ambassade à Rome et à Strasbourg. Puis plus tard, il ne quitta plus Châlons, vivant au milieu de son clergé, instruisant les clercs et le peuple, et donnant des réglements d'une haute justice. Guy de Joinville, cinquante-sixième évêque (1162-1190), se montra aussi zélé que son prédécesseur, aussi aumônier que Bladalde, mais encore jaloux de ses prérogatives et intrépide guerrier. En 1181 il marcha à la tête de ses vassaux pour assiéger, de concert avec l'évêque de Verdun, le bâtard Albert Pichot, qui de son château de Sainte-Menéhould, pillait et ravageait les deux diocèses : l'évêque de Verdun fut tué au premier assaut, ce qui mit fin à l'expédition. En 1188, Guy prit la croix et alla mourir peu après dans le camp devant Jérusalem. Déjà Barthelemi de Senlis (55ᵉ évêque), s'était également croisé avec Louis-le-Jeune, en 1147, et était mort en Palestine.

Ici se termine ce que l'on peut nommer l'époque héroïque de l'épiscopat Châlonnais : aux apôtres, aux guerriers vont succéder des administrateurs, des théologiens; Châlons vit à cette époque ses évêques s'occuper de construire des églises : Gérard de Donay bâtit Saint-Nicolas (1204), Pierre de Hans éleva Saint-Nicaise (1250), Arnould de Loss laissa Sainte-Marguerite comme témoignage de sa piété. En même temps nos évêques introduisaient les religieux mendiants : Guillaume du Perche ouvrit les portes de Châlons aux Dominicains (1219) et aux Cordeliers (1224); Jean de Châteauvillain aux Augustins (1292). Ce dernier fut, par exemple, un des prélats les plus remuants qui aient porté la mitre dans notre pays : on verra par ses rapports avec le chapitre dans quelle série de désordres le jetèrent ses querelles avec les chanoines. Son successeur, Pierre de Latilly (1313), avait été créé chancelier de France, et Louis x le Hutin, l'ayant accusé d'avoir participé à la mort de Philippe-le-Bel, et empoisonné Jean de Châteauvillain, il fut destitué de sa charge, exclu de la cérémonie du sacre et bientôt incarcéré. Un synode fut réuni à Senlis sous la présidence de Robert de Courtenay, archevêque de Reims, pour le juger, et les deux chefs d'accusation furent agités. Latilly fut rendu à la liberté, on lui restitua ses biens, après quoi l'assemblée s'ajourna sans rien décider positivement : cette malheureuse affaire ne fut plus soulevée : seulement, quelques semaines, après on fit brûler à Paris trois femmes pour avoir composé le poison dont mourut Jean de Châteauvillain. Pierre de Latilly reconnu innocent fut alors rétabli et put assister au sacre de Charles-le-Bel.

Nous nous sommes trompé en disant tout à l'heure que Guy de Joinville avait été le dernier des évêques guerriers de Châlons, il faut encore citer Regnauld Chauveau qui périt à la bataille de Poitiers où il commandait la cavalerie royale (1356). Archambaut de Lautrec construisit les églises de Saint-Antoine et de Saint-Loup (1380) ; Charles de Poitiers, celle de Saint-Germain (1404).

Malgré les désastres de toutes sortes, malgré les déchirements de la guerre civile et de la guerre étrangère, les xiv⁰ et xv⁰ siècles furent pour l'épiscopat Châlonnais des époques glorieuses et tranquilles ; la plupart des prélats alors appartenaient cependant à de grandes familles et se trouvaient mêlés à tous les événements : Geoffroy de Saint-Géran, abbé de Saint-Germain-des-Prés, était du conseil royal et prit une vive attitude au procès du duc d'Alençon, en 1458 ; il fit bâtir le palais épiscopal dont le dessin est joint à cet essai. Au milieu des troubles du xvi⁰ siècle, troubles civils et religieux, nos évêques montrèrent une grande modération, et, à une seule exception, demeurèrent fidèles à la cause du roi. Gilles de Luxembourg prit part au jugement du connétable de Bourbon (1524). Robert de Lenoncourt est le premier de nos évêques institué selon le concordat de 1510 et le premier aussi revêtu de la pourpre romaine ; Philippe de Lenoncourt, son neveu et son successeur, jouit du même honneur. Peu après, trois membres de la famille Clausse parurent successivement sur le siége de Châlons. Le second est le plus remarquable. Cosme Clausse (1574-1624) joua un rôle actif dans le parti de la Ligue qu'il avait embrassé avec ardeur : les habitants de

Châlons, qui suivaient le parti contraire, finirent par lui fermer les portes de la ville, et il ne put rentrer qu'après avoir fait une paix sincère avec Henri IV.

Les XVIIe et XVIIIe siècles ne renferment que huit noms, mais huit noms également révérés et honorés : il n'y eut pas parmi eux de ces évêques qui représentaient les traditions mondaines et les mœurs de la cour : pas de ces prélats non plus qui, jetés sans cesse dans les affaires de l'état, délaissaient celles de leurs diocèses pour rechercher une gloire qui sied mal aux pensées religieuses. Et parmi ces huit noms, je dois citer tout d'abord Félix de Vialart qui, pendant un épiscopat de quarante ans (1640 à 1680) rétablit l'ordre dans le pays, le calme dans la ville, arrêta le progrès de l'hérésie, et fit oublier par ses grandes actions et une charité digne des premiers temps, le scandale que causaient les évêques si justement surnommés *prélats de cour*. Puis, Louis et Gaston de Noailles, dont le premier devint cardinal et archevêque de Paris ; Nicolas de Saulx-Tavannes, Claude de Choiseul Beaupré, Antoine Leclerc de Juigné, et enfin Jules de Clermont-Tonnerre. Le jansénisme et la philosophie leur causèrent souvent de graves embarras ; Mgr de Juigné surtout attaqua avec énergie cette hérésie qui se répandait à Châlons ; il chassa un certain nombre de prêtres qui penchaient ouvertement vers ces idées nouvelles ; puis, quand il eut pacifié son diocèse, il commença une longue série de bienfaits qui le firent appeler « le pontife selon le cœur de Dieu » ; il quitta Châlons pour le siége de Paris.

En 1789, Mgr de Clermont-Tonnerre, émigra : en juin 1790 le diocèse de Châlons fut réuni à celui de Reims pour n'être rétabli qu'en 1822.

Catalogue des Évêques de Châlons-sur-Marne.

1. Saint Memmie, entre le IIe et le IIIe siècle.
2. Saint Donatien.
3. Saint Domitien.
4. Amable.
5. Didier.
6. Sanctissimus.
7. Provinctus, vers 395.

8. Saint Alpin de Béthune, 409, mort le 7 septembre 455.
9. Amandinus, chef des religieux de Saint-Pierre-aux-Monts, assista au concile de Tours (486).
10. Florendus, 486.
11. Providerius, vivait en 513.
12. Productor.
13. Saint Loup Ier, avant 533, prend part au concile d'Auvergne.
14. Papion.
15. Euchair, ou Guichard, 552.
16. Tectinode ou Tecmondus.
17. Saint Élaphe, 565, mort en 584.
18. Saint Luxier, son frère, 584, mort en 589.
19. Félix Ier, 589, mort en 650 (?), enseveli dans la crypte de la cathédrale.
20. Regnauld Ier.
21. Lambert ou Landebert, impose aux moines de Saint-Pierre la règle de Saint-Benoît, 660.
22. Arnould Ier, 666.
23. Bertonend, 692, mort le 5 mai 720, enseveli dans la crypte.
24. Félix II dit Chaminges; enseveli dans la crypte.
25. Bladalde vivait en 754 et 768; enseveli à l'entrée de la crypte.
26. Scarius; enseveli dans la crypte.
27. Ricaire, 768, mort en 770. « Sepultus ante fores principis apostolorum. »
28. Guillebaud ou Willebalde, mort en 784 (?); enseveli dans la crypte.
29. Bovon Ier, mort en 804, enseveli au même lieu.
30. Saint Hildegrin, frère de saint Léger, a été incontestablement évêque de Châlons, malgré l'opinion de Buirette et d'autres auteurs; il alla occuper le siège d'Halberstadt en 809.
31. Alderin, assiste aux conciles de Paris, de Worms et de Compiègne en 833; enseveli dans la crypte.
32. Loup II, assiste aux conciles de Beauvais (845), de Quierzy, de Mayence et de Soissons; mort en 856, enseveli dans la crypte.
33. Eachenraus, 856, mort le 7 octobre 868; le 15 mars de cette année, il avait fait lever le corps de saint Memmie, et, un peu avant, avait fait revenir le corps de saint Alpin de Baye à Châlons; enterré à l'abbaye de Saint-Urbain en-Perthois.
34. Willebert, 868, mort en Italie en 877.
35. Bernon, chapelain du roi, 877–885 (?); enseveli dans la crypte.
36. Rodoalde, 885; mort en 893; il fit transporter le corps de saint Gibrier à l'église Saint-Remy de Reims. Enseveli dans la crypte.

36 *bis.* BERTHAIRE, non reconnu par le roi.

37. MANCION, 893, mort le 3 février 908 ou 909.

38. LÉTHOLDE, 900; enseveli dans la crypte.

39. BOVON II, frère de Fréderune, seconde femme du roi Charles-le-Simple; mort en 947 et enseveli dans la crypte.

39 *bis.* MILON, intrus, 938.

40. GIBUIN Ier, le Bon, fils de Hugues, comte de Dijon, 947; m. le 16 février 998, enseveli dans le chœur de la cathédrale.

41. GIBUIN II, le jeune, son neveu; mort le 26 novembre 1004, enterré près de son oncle.

42. GUY, mort en 1008; enseveli dans la crypte.

43. ROGER Ier, mort en 1045 (Le rituel de la cathédrale dit le 15 novembre 1033); il assemble à Châlons un synode. Enseveli sous le jubé de l'église St-Pierre-aux-Monts.

44. ROGER IIe, fils de Hermand, comte de Namur; mort en 1062 ou 1065, enterré à Toussaints-en-l'Ile.

45. ROGER IIIe, fils d'Hermand de Thuringe, chancelier du roi; il assiste aux conciles de Paris, d'Issoudun, de Meaux et de Compiègne; mort le 26 décembre 1093, enseveli au milieu de la grande nef de la cathédrale.

46. PHILIPPE Ier, fils du comte Thibaut III de Champagne, mort le 12 avril 1100; enterré au bas des degrés du chœur de la cathédrale.

47. HUGUES, chanoine de Toul, mort le 10 mai 1113, après avoir été cinq ans retenu prisonnier par Albéric, seigneur de Moëslains-en-Perthois; enterré près des fonts baptismaux de la cathédrale.

48. GUILLAUME-LE-VÉNÉRABLE, né à Champeaux, près de Melun, mourut le 17 juillet 1122; enseveli à Clairvaux.

49. EBLE OU EBALE DE ROUCY, comte de Ramerupt, ambassadeur du pape Calixte II, près l'empereur Henri V; mourut le 21 juin 1126, enterré à droite de l'aigle de la cathédrale.

49 *bis.* ALBÉRIC, non installé; depuis archevêque de Bourges.

50. ERLEBERT OU ELBERT, assiste au concile de Châlons en 1129, mort en 1130.

50 *bis.* SAINT BERNARD, n'accepte pas: le siége vaque un an.

51. GEOFFROY Ier, dit COL-DE-CERF, abbé de Saint-Médard de Soissons, assiste au concile de Sens, fait bâtir la halle, mourut le 28 mai 1142; enseveli près du petit aigle de la cathédrale.

52. GUY IIe de Montaigu, doyen du chapitre de Laon, mort le 26 janvier 1147; enterré près du grand aigle de la cathédrale.

53. BARTHÉLEMY DE SENLIS, doyen de l'église de Senlis, mort en Palestine en 1151.

54. HAIMON DE BAZOCHES, mort le 28 novembre 1153; enseveli sous le jubé de la cathédrale.

55. Bozox, mourut le 28 mars 1161 ; enseveli entre les deux aigles de la cathédrale.

55 *bis*. Guy de Dampierre, non installé.

56. Guy III° de Joinville, mort le 11 janvier 1191 en Palestine.

57. Rotrou du Perche, fils du comte du Perthois, archidiacre de Reims, mort en décembre 1200 ; enseveli dans le sanctuaire de la cathédrale.

57 *bis*. Frédéric n'accepte pas : le siège vaque deux ans.

58. Gérard de Douay, abdique en 1215, et meurt peu après au Val-des-Écoliers, près de Langres.

— Frédéric refuse de nouveau.

59. Guillaume II°, comte du Perche, frère de Rotrou, mort le 18 mars 1225, pendant qu'une épidémie de la lèpre désolait l'abbaye de Toussaints ; enterré dans la cathédrale.

59 *bis*. Henry de Brenne est élu et refuse ; il fut depuis archevêque de Reims : vacance du siège pendant deux ans.

60. Philippe II° de Nemours, doyen de l'église de Paris, mort le 5 avril 1237.

61. Geoffroy II° de Grandpré ; il divise Notre-Dame-en-Vaux en cinq paroisses ; assiste à l'exécution des Manichéens sur le Mont-Aimé en 1239, et au concile de Lyon ; mort en mai 1247 ; enseveli à l'entrée droite du chœur de la cathédrale.

62. Pierre de Hans, cède le cloître au chapitre de Saint-Étienne ; mort en décembre 1261 ; enseveli au milieu du chœur.

63. Conon de Vitry, mort le 24 mars 1269 ; enterré à la chapelle des Sibylles, derrière le chœur de la cathédrale.

— Vacance de trois ans.

64. Arnould de Loss, prévôt de l'église de Cologne, élu en 1272, mort le 30 juillet 1273 ; enseveli dans le chœur de la cathédrale, à droite du maître autel.

— Vacance de deux ans.

65. Remy de Somme-To... , élu en 1275 ; il signe avec les évêques de sa province la demande adressée au pape pour obtenir la canonisation de Louis IX, assiste au synode de Compiègne ; mort en novembre 1284 ; inhumé près de son prédécesseur.

66. Jean 1er de Chateauvillain, mort en avril 1313 ; enseveli dans le sanctuaire de la cathédrale.

66 *bis*. Simon de Chateauvillain refuse.

67. Pierre de Latilly, élu en décembre 1313, chancelier de France, mort en mars 1327 ; inhumé dans la chapelle des Sibylles.

68. Simon de Chateauvillain accepte cette fois, assiste aux États de Paris, et meurt en 1335 ; enseveli près de son prédécesseur.

69. Philippe iii de Melun, nommé archevêque de Sens en 1339.
70. Jean ii de Mandevilain, évêque d'Arras, mort en 1339 ; inhumé dans la chapelle des Sibylles.
71. Jean iii de Happe, mort en 1352.
72. Regnauld ii Chauveau, tué à la bataille de Poitiers en 1356, et inhumé dans cette ville.
73. Archambauld de Lautrec, évêque de Lavaur, mort en novembre 1389 ; enseveli dans le sanctuaire de la cathédrale.
74. Charles de Poitiers passe sur le siége de Langres, le 2 septembre 1413.
75. Cardinal Louis de Bar, évêque de Langres, permuta avec Charles de Poitiers ; il assiste, en 1417, au concile de Constance, et passe en 1419 sur le siége de Verdun.
76. Jean iv de Sarrebruck, permuta avec Louis de Bar, mort le 30 novembre 1438 ; enseveli à gauche du maître autel de la cathédrale.
76 bis. Jean v Tudert, doyen de l'église de Paris, meurt avant son installation : vacance de deux ans.
77. Guillaume iii le Tur, chanoine de Paris, élu en mars 1440, mort le 10 juin 1453 ; enseveli sous le petit aigle de la cathédrale.
78. Geoffroy iii de Saint-Géran, ou Floreau, abbé de Saint Germain-des-Prés ; il fit rebâtir le château de Sarry et le palais épiscopal ; mort le 3 août 1505 ; inhumé dans la cathédrale sous le pupitre de l'épitre.
79. Gilles de Luxembourg, doyen de l'église de Châlons, élu le 20 novembre 1505, fit construire la grande flèche de la cathédrale, détruite par l'incendie de 1668 ; mort le 7 février 1535 ; inhumé à gauche dans le chœur.
80. Robert de Lénoncourt, premier évêque institué en vertu du concordat ; cardinal en 1538, il quitte son siége en faveur de son neveu, et devint ensuite archevêque d'Embrun.
81. Philippe iv de Lénoncourt, nommé, en 1550, à vingt-trois ans ; il devint cardinal et commandeur du Saint-Esprit ; il consacra la nouvelle église de Toussaints, et passa, en 1556, sur le siége d'Auxerre.
82. Jérôme Bourgeois ou Burgensis, fils de Louis Bourgeois, premier médecin de François 1er, fut d'abord évêque d'Auxerre et abbé de Saint-Pierre-aux-Monts ; il assista aux États de Paris en 1559, et fut envoyé au concile de Trente ; mort le 4 février 1572 et inhumé dans l'église de Saint-Pierre-aux-Monts.
83. Nicolas 1er Clausse de Marchaumont, mort le 12 septembre 1574 ; inhumé dans le chœur de la cathédrale.
84. Cosme Clausse, son frère, abbé de Saint-Pierre-aux-Monts, mort le 22 mars 1624, enseveli dans le parvis de la cathédrale.

85. HENRY CLAUSSE, neveu des deux précédents et co-adjuteur de Cosme, depuis le mois de septembre 1616 ; il administra le siége de Reims pendant la jeunesse du titulaire Henri de Lorraine ; mort le 13 décembre 1640, et inhumé dans la cathédrale sans pierre tombale, selon ses ordres.

85 bis. JEAN-JACQUES OLLIER, son co-adjuteur depuis deux ans, refuse le siége.

86. FÉLIX III VIALART DE HERSE, nommé à vingt-sept ans, mort le 10 juin 1680 ; enseveli au bas des degrés du sanctuaire de la cathédrale.

87. LOUIS-ANTOINE DE NOAILLES, évêque de Cahors ; transféré à l'archevêché de Paris en 1695, et cardinal le 21 juin 1700.

88. GASTON DE NOAILLES, son frère, mort le 15 septembre 1720, et enterré près de M. de Vialart.

89. NICOLAS II DE SAULX-TAVANNES, premier aumônier de la reine, abbé de Mont-Benoît, nommé en janvier 1721 ; transféré à l'archevêché de Rouen en 1734, puis grand aumônier de France et cardinal.

90. CLAUDE-ANTOINE DE CHOISEUL-BEAUPRÉ, aumônier du roi, mourut le 2 octobre 1763 ; enseveli près de M. de Vialart.

90 bis. ANTOINE DE LASTIC, évêque de Comminges, meurt avant son installation à Châlons.

91. ANTOINE-ÉLÉONORE-LÉON LECLERC DE JUIGNÉ, nommé le 1er janvier 1764, promu malgré lui à l'archevêché de Paris en 1781, après avoir refusé celui d'Auch.

92. ANNE-ANTOINE-JULES DE CLERMONT-TONNERRE, émigra en 1789.
Suppression du siége de Châlons, en juin 1790, et réunion au diocèse de Reims avec Nicolas Diot, pour évêque assermenté.

Réunion à l'évêché de Meaux en 1802 : le baron de FARDOAS, évêque.

Rétablissement du siége en 1822.

93. MARIE-JOSEPH-FRANÇOIS-VICTOR MONTER DE PRILLY, sacré le 18 janvier 1824.

Des Chanoines.

Dans les premiers temps du Christianisme, l'évêque avait la conduite spirituelle de tous ses diocésains. Les prêtres, qui le secondaient dans son ministère, résidaient auprès de lui, faisaient partie de sa famille, devaient aller partout où il les envoyait. Nul n'était affecté à une localité particulière. On appelait *presbytères* ces corps de prêtres institués, ce semble, par les apôtres eux-mêmes : saint Augustin le premier songea à apporter une certaine règle dans ces sortes de colléges qui variaient à l'infini : il chargea un certain nombre de prêtres du soin du temporel de son église en les astreignant à vivre en commun, ils lui servaient de conseil, mais aussi étaient entièrement sous ses ordres. Plusieurs évêques adoptèrent cette organisation qui fut réformée en 755, au concile de Vern par le roi Pépin ; de nouveau en 760 par Rodegand, évêque de Metz, qui écrivit une règle en trente-quatre articles. Charlemagne rendit cette discipline plus sévère encore ; ce fut là l'origine des chapitres. Saint Memmie vivait, ainsi que nous l'avons dit en commençant, au monastère de Saint-Pierre avec un certain nombre de clercs : après sa mort, ce collége subsista ; mais quand la cathédrale eut été bâtie, ces religieux vinrent en ville et habitèrent près de la nouvelle église (626). En 906 une règle uniforme fut imposée à ces prêtres qui prirent le nom de chanoines et la vie en commun sévèrement prescrite. Il vivaient alors absolument comme des moines, sous la direction de l'évêque, qui continua à être leur chef jusqu'à l'établissement des doyens, n'ayant qu'une cellule, prenant leurs repas ensemble : seulement il y avait des tables séparées pour le prélat et les étrangers qu'il invitait ; pour les prêtres, les diacres et les minorés : les clercs externes y étaient traités chaque dimanche. Ils servaient tous déjà à leur tour et par semaine.

La première dignité du chapitre était le prévôt : les chanoines de Saint-Étienne en obtinrent la suppression vers 1060 et le doyen qui se trouvait après lui prit dès lors réellement la direction des affaires (1). C'est par cet acte que commença la séparation des pouvoirs de l'évêque et du chapitre, et à dater de ce moment aussi commença cette rivalité longue et inquiète qui se perpétua bien au-delà du xv° siècle.

(1) Voir cette charte dans le grand cartulaire de Saint-Étienne où nous la donnons en entier.

Comme nous le verrons dans le courant de cette étude le chapitre formait un corps puissant, et ayant une existence indépendante : sa juridiction s'exerçait librement et sans contrôle. Il avait un sceau particulier. Les exemplaires en sont devenus très rares, nous n'en avons pu retrouver que deux, dont un seul est complètement satisfaisant. Le premier est ovale, en cire brune et appendu à la composition faite entre Jean de Châteauvillain et les chanoines en 1299; on y lit : † S. SANCTI. STEPHANI. CATHALAVNENSIS : Saint Etienne nimbé, vêtu d'une robe à larges plis, tenant une palme de la main droite, et l'autre levée et tenant un livre fermé. Contre-sceau : † VIDEO. COELOS. APERTOS. Une main sortant d'un nuage.

L'autre est rond et attaché à la charte de fondation des deux vicaireries perpétuelles à la cathédrale, en 1376 : malheureusement il est brisé : † SIGILLVM. *Sancti Stephani Cathalaunensis* : Saint Etienne nimbé, vêtu d'une espèce de cotte de mailles, tenant une palme à la main gauche avec un livre sur la poitrine. Contre-sceau : † SECRETVM. CAPITVLI. AD. CAVSAS. Une tête de fou, avec le bonnet caractéristique.

Des biens de l'Église de Châlons : évêché et chapitre.

Nous n'avons que des données très incertaines sur les possessions de l'église de Châlons pendant les deux premières races : le grand cartulaire ne renferme que deux pièces Mérovingiennes; l'une est la donation des évêques saint Elaphe et saint Lumier, par laquelle ils cédaient à leur église ce qu'ils possédaient au royaume d'Aquitaine, savoir : dans le Limousin les villes et villages de *Migauria, Fusciacus, Viviniacus* et *Jamniacus* : dans le pagus *Rudinigus, Nigracus, Nidilliacus* et *Curba serra*; dans le pagus *Albus, Cossia* et *Succossia*; dans le pagus *Alvernicus, Liniacus, Prisciacus, Villa modin* et *Belgismus*; dans le pagus *Arizagus, Majestas* (an 563). Cette donation est faite « in luminaribus ecclesie sancti Ste- » phani Cathalaunensis et in stipendio servorum dei ibidem » deo famulantium pro remedio anime genitoris nostri » Leonis. » Et elle se termine, outre la formule d'usage à l'égard de ceux qui voudraient dans l'avenir s'emparer de ces biens, en les condamnant à payer à l'église « auri » libras v, argenti pondera x. » Signé *Elafius Cathalaunensis episcopus. Leudomirus diaconus. Egidius archiepiscopus Remensis.* Le second instrument est relatif au monastère de Montier-en-Der.

La possession de l'église de Châlons sous les Carlovingiens sont relatées dans dix-neuf chartes royales, et sont au nombre de trente-six environ : en voici l'énumération à peu près complète :

Mention de terre dans les pays de Vertus, de Perthes, de Changy et de Sainte-Ménehould (Marne), le duché de Thuringe, et le pays de Worms, 845.

L'église N.-Dame-en-Vaux, 850.

Thibie (Marne), 850.

Plichancourt, *id.*, 850.

Ablancourt, *id.*, 850.

Aulnay-l'Aistre, *id.*, 850.

Laffion? *id.*, 850.

Baye (Marne).

Villevenard, *id.*

Changy, *id.*, 853.

Jaalons, *id.*, 850.

Champagne, *id.* 865.

Recy (Marne), 869?

Roquineicort (en Perthois), 900

Haminicomont (*Ibid.*), 900.

Acociacus (*Ibid.*), 858.

Aubennacus, in pago Cathalaunensi, 865.

Vicobernus, in pago Virtutense, 860.

Vitry (Marne), 866.

Le cours de la Marne, depuis le gué Haimon jusqu'à Condé, 850.

Le vieux Châlons (*Vetus Cathalaunum*), 850.

Lignon (Marne), 860.

Floriguy (Yonne), 860.

Coole (Marne), 886.

Mailly (Aube), 921.

Champigneulles (Marne).

Soudron, *id.*, 865.

Thonnance (Haute-Marne), 866.

Bailleul, *in pago Bansionensi*, 869.

Germinon (Marne), 878.

Couvrot, *id.*, 900.

Haussiguémout, *id.*

La chapelle Sainte-Anne près Heiltz-l'Évêque (Marne).

Sompuis, *id.*, 921.

Charny (Aube).

Goncourt (Marne), 900.

A cette liste il faut ajouter l'abbatiole de Saint-Sulpice de Châlons (860), celles de Saint-Étienne et de Sainte-Tanche (860), près d'Arcis-sur-Aube, la monnaie de Châlons, certains droits sur cette ville, et d'autres revenus encore.

Plus tard, et avec la troisième race, les biens de l'église de Châlons s'accrurent singulièrement. Outre la collégiale de la Trinité à Châlons, on la voit jouir des seigneuries de Billy, de Champagne, de Coupéville, de Francheville, de Saint-Amand, de Trépail, de Villotte, de La Cheppe, de la vicomté d'Ambonnay, de Courtisols, de Dampierre-sur-Moivre, d'Ecury-sur-Coole, de Pogny, de Sapignicourt, de Vesigneul, et bien d'autres encore dont nous aurons à parler plus tard ; enfin d'une partie même de la ville de Châlons.

Il est beaucoup plus difficile de retrouver le catalogue des biens du chapitre, ou du moins de les classer par date : d'après le dépouillement que nous avons fait de ses archives, voici les principaux noms à consigner outre ceux que je viens de donner.

Dans la bulle de confirmation du pape Paschal ii (1107), les villages de Saint-Amand, Sainte-Marie de Pogny, Sapignicourt, le pont de Châlons et la justice du pont, le bur de Grève, la monnaie, le rivage de la Marne, la terre de Rognon, les deux moulins de la porte Marne, la moitié de l'alleu de Norgand, l'alleu de Genemicourt, la terre de Saint-Etienne, les églises Saint-Nicolas de Châlons, de Pogny, de Saint-Amand, de Saint-Mard-sur-le-Mont, la prévôté donnée au chapitre par l'évêque Roger ii, les églises de Sapignicourt, de Plichancourt, de Soudron, de Fontaines, de Gionges, de Jâlons, de Dampierre-sur-Moivre, de Chepy, de Coupetz, de Saint-Jean-sur-Moivre, de Châtrices, de Villers, d'Ablancourt, d'Aulnay (ces quatorze dernières données par l'évêque Roger iii), de Sommesoude, de *Vuimero*, de Velye, de Clamanges, de Sommesuis, de Huiron, les terres de Conades, de La Neuville de Melette.

Malheureusement je n'ai pu retrouver d'acte de partage entre l'évêque et les chanoines ; dans le grand cartulaire nous voyons qu'il est fait mention de la mense canoniale, pour Trépail, qui en faisait partie, mais postérieurement une des seules pièces où le prélat se dépouille en faveur de son chapitre est l'abandon fait par Pierre de Hans en 1259, d'une partie de ses droits seigneuriaux dans Châlons, ce qui constitua le ban de St-Etienne. Une charte de Gui, probablement premier du nom, parle du village de Charny appartenant à la mense canoniale, et qu'il donne, moyennant un cens annuel, au comte Angelbert.

L'évêque Roger i combla son chapitre ; il lui donna les

terres de Blaise, de Fontaines, l'église de Saint-Mard-sur-le-Mont, près Sainte-Ménehould

D'un autre côté, les comtes de Champagne et les seigneurs les plus distingués de la province se plurent à enrichir le chapitre à toutes les époques : sous l'évêque Roger II, Henri, prévôt de Vitry, se soumit à un cens pour son fief de Plichancourt ; Airard d'Aulnay, maréchal de Champagne, s'étant emparé de vive force de la seigneurie de Saint-Amand, fut excommunié et mourut sans avoir été relevé de sa condamnation : sa femme, Helwide, voulut alors faire sa paix avec le chapitre et céda à la fois Saint-Amand et ce qu'elle possédait à Aulnay du chef de son mari. Cette donation fut homologuée en 1185 par l'archevêque de Reims, et un service anniversaire fut fondé pour le rachat de l'âme d'Airard.

Henri Ier, comte de Champagne (1152-1180), approuva la cession faite par Guy, sire de Possesse, de ce qu'il avait à Saint-Amand ; déjà en 1104, le comte Hugues avait fait avec ses frères semblable abandon pour le repos des âmes de ses père et mère et de son frère Philippe mort en 1100, évêque de Châlons.

Enfin, voici la copie d'une pièce des archives de l'évêché, du XVIIe siècle, et intitulée : *Revenus de l'évêché de Châlons :*

Le greffe du bailliage................	1,100	livres.
Le greffe de l'échevinage.............	950	—
Les quatre moulins à bleds.	1,400	—
La foulerie..	500	—
La jauge.........................	130	—
Le poids.........................	225	—
La pêche de la rivière (Marne)........	800	—
La ferme des Amendes..............	426	—
Les droits régaliens.................	2,000	—
La minette de Saint-Thibout (?)....	15	—
L'aunage des toiles.................	50	—
L'aunage des serges et draps qui se fabriquent dans la ville et faubourgs......	»	»
Les amendes du ban l'Evesque non affermées..........................	5	—
Le passage de Compertrix.......... ..	15	—
Les prez de Barbaise...............	100	—
L'Heure du Noyer, prez l'Islet-Legare...	50	—
A reporter......	7,446	livres.

Report........	7,446 livres.
Les prez aux Sept-Bœufs et l'islet-au-Pour-ceau...........................	125 —
Les Prez de Sarry.....................	55 —
Le Prez Henry de Lorraine............	5 —
Le petit prez de Forest	45 —
Les prez de Balsay...................	50 —
Les terres de la porte Saint-Jacques. ...	105 —
Celles de la porte Sainte-Croix........	90 —
Le bois de Saint-Thibaut.............	110 —
Le mesurage des grains.	410 —
Le bois et la terre de Forest............	5,500 —
Le Prez-l'Évesque....................	20 —
L'Islet aux Pourceaux et Grande-Retraite	50 —
Les vignes.........................	200 —
La grande cense de Sarry louée 40' froment, 50' seigle, 25' avoine, 200 nombres de paille, 25 chapons, 6 oisons, 2 voyages aux vignes d'Avize...................	700 —
Les censives de Sarry.................	80 —
Le greffe de Sarry..............	16 —
..... et autres droits de Sarry non loués	15 —
La cense de Saint-Germain, 12' froment, 12' seigle, 12' orge, 10' avoine, et 12 chapons.	170 —
Greffe de Saint-Germain.	30 —
Terrage et censives dudit lieu.........	50 —
Cense et garenne de Vésigneux.	470 --
Cense et seigneurie d'Helvesque........	1,000 —
Le prez de Mareuil...................	12 —
Tonnance et Suzancourt..............	3,550 —
Dixmes de Minecourt.................	220 —
Droits de crieurs de vin.	75 —
La seigneurie et les bois de Villeneuve...	6,500 —
Les greffes........................	15 —
Launelle.................	20 —
Les censives de Paris et Chaalons.	40 --
Le greffe et l'officialité............	50 —
Les amendes du ban l'Evesque.........	3 —
Le greffier de la Loge...............	12 —
L'ajustement des poids...............	3 —
TOTAL........ .	**27,244 livres.**

Fiefs de l'évêque.

L'évêché de Chàlons était très riche ; ses biens nombreux et variés. Ils comprenaient des terres, des villages, des châteaux, des églises avec leurs dépendances, des fermes, des moulins, des dixmes, des cens et d'autres droits de tous genres, indépendamment de ceux de justice et de ban.

L'évêque avait à Châlons, bailliage et prévôté, les droits régaliens, droits sur les fouleries, la jauge, le poids, l'aunage des toiles, des serges et draps, mesurage des grains, les vins, la Marne et ses affluents, depuis Sogny jusqu'à Saint-Germain-la-Ville, la Blaise, la seigneurie des deux tiers de la ville, les fiefs directs de Villenerme, de Saint-Maurice-aux-Riches-Hommes, de Château-Gaillard, du Plessis, d'Heiltz-l'Evêque, de la Loupetière, de Sarry, de Tonnance, Suzancourt, Pogny, Vésigneul, Saint-Germain-la-Ville, de Villers-aux-Corneilles; des châteaux dans les nombreuses seigneuries que nous passerons plus loin en revue. En 1097, l'évêque Philippe de Champagne remit à l'abbaye de Saint-Basle le droit d'avouerie qu'il y pouvait exercer.

Les principaux seigneurs du pays figuraient parmi les feudataires de l'évêque de Châlons et lui rendaient hommage. Et d'abord le comte de Champagne se trouvait son vassal, comme le prouve une charte de Gérard de Donay, où ce prélat déclare que le comte Thibaut, étant en chemin pour lui faire son acte de foi et hommage à Chevilly, comme il le devait, il le lui a bien voulu faire à Saint-Memmie, parce que lui, Gérard, s'y trouvait malade; mais que cela ne pourrait servir de précédent pour l'avenir, le comte ne devant cet hommage qu'à Chevilly ou en quelqu'autre lieu de la marche convenue (septembre 1214)(1). Ensuite on voit figurer le sire d'Amboise (1464) pour la terre de Cernon qu'il détenait alors, les seigneurs de Sommevesle, de Montcetz, de Chepy, de Pogny, de Chaipes, de Mairy, de Nuisement, de Bussy-Lestrée, de Melette, de Cherville, le baron de Conflans, le vidame, la famille de Béthune pour Baye, les seigneurs de Vaudenay, de Valais, de Saulx, le châtelain de Fagnières, les abbés de Saint-Memmie, du Reclus, l'abbesse d'Andecy, etc. Le baron de Cernon, à chaque installation d'évêque, devait lui tenir le cheval, lui présenter l'étrier et marcher

(1) Chevilly, village de la Haute-Marne. La marche était dans ce cas, le synonyme de confin, limite du fief dominant qui touchait à la limite de la terre dominée.

ensuite l'épée nue devant lui. La cour épiscopale était composée à l'instar de celle d'un souverain : cette organisation était due, dit-on, à Gibuin ii (998-1004). Elle comptait douze pairs : six ecclésiastiques, les quatre archidiacres, le doyen et le trésorier du chapitre ; six laïcs, les barons de Cernon et de Conflans, le vidame, les châtelains de Baye, de Fagnières et de Sommevesle. On y voyait un maréchal, charge attachée à la terre de Cernon, un sénéchal, un chambellan, un bouteiller, un maître d'hôtel, un chapelain et un écuyer.

L'hommage était dû par tous à l'évêque, et les archives renferment de nombreux documents à ce sujet ; on n'y rencontre aucune difficulté, excepté de la part du vidame qui voulut s'affranchir le plus possible de son infériorité.

L'évêque donnait à plusieurs de ses vassaux un anneau d'or en signe d'investiture : parmi ses officiers, le maréchal recevait de lui le destrier qui avait servi à lui faire faire son entrée, le vidame son anneau, le bouteiller un tonneau de vin et la coupe d'argent ; le sénéchal une écuelle d'argent, le chambellan des fourrures précieuses.

Élection et installation de l'Évêque.

Dans les temps primitifs, le peuple concourait directement au choix de son chef religieux, et l'on trouve dans l'extrait fait par dom François d'un ancien manuscrit des archives capitulaires, de curieux détails sur cette élection telle qu'elle se pratiquait aux x, xi et xii siècles à Châlons.

À la mort du prélat, le chef du chapitre était proclamé premier vicaire général et pouvait, avec l'avis des chanoines, exercer tous les droits épiscopaux. Le second jour au plus tard après l'enterrement, le peuple convoqué assistait à une messe du Saint-Esprit, après laquelle était ordonné un jeûne de trois jours. Pendant ce temps, le premier vicaire-général appelait tous les prêtres et religieux du diocèse. Ceux-ci en personne, ou représentés par des procureurs, se réunissaient à la cathédrale sous la présidence du métropolitain ou de son légat. Après la messe, ce dernier avertissait les assistants de ce qu'ils allaient faire et leur faisait jurer de ne voter ni pour celui qui aurait brigué leurs suffrages, ni pour celui qui aurait employé dans ce but des moyens illicites. Pendant le vote, on chantait les litanies des Saints. Le premier archidiacre remettait les bulletins au président qui dictait les noms au chancelier du chapitre, assisté de deux notaires. La proclamation de l'élu se faisait aussitôt, et, en cas de balance, le président décidait du choix ; quelquefois aussi, au lieu de voter par bulletins, l'assemblée votait par acclamation ; mais ces circonstances se rencontraient rarement. Aussitôt après l'opération, on en instruisait les autres évêques suffragants et le roi, qui pouvait accepter ou imposer son veto. Plus tard, le chapitre concourut seul à l'élection de l'évêque, et au xive siècle, il dut en outre demander au roi l'autorisation préalable de procéder à cette nomination (1). Il arriva, à plusieurs reprises que le souverain refusa de confirmer le choix fait par l'église de Châlons. En 1142, Louis vii ne voulut pas reconnaitre Gui ii et ne céda qu'au bout de deux ans sur les pressantes sollicitations de saint Bernard; d'autres fois les chanoines ne pouvaient s'accorder et le siége demeurait vacant, comme cela arriva pendant trois ans lors de l'élection d'Arnould de Loss (1259-1272), pendant deux ans, lors de celle de son successeur, Remi de Somme-Tourbe. Dans des temps plus anciens l'autorité du métropolitain était plus grande, et il pouvait à lui seul empêcher le sacre de l'évêque choisi. C'est ce qui arriva pour Willebert, élu en 868. L'archevêque Hincmar avait vu avec regret son élévation et voulut s'y opposer ; à cet effet, il le cita au mois de décembre au concile de Quierzy et le fit asseoir en présence de tous les Pères, puis lui demanda d'où il était, son rang, par qui il avait été ordonné prêtre, quelles charges il avait exercées à la cour, comment il s'en était acquitté, pourquoi était-il venu s'établir dans la province de Reims ? Willebert ayant répondu à toutes ces questions

(1) Voici le modèle d'une de ces permissions :

« Johannes Dei gratia Francorum rex, dilectis nostris decano et capitulo ecclesie Cathalaunensis salutem et dilectionem : ne predicta ecclesia quæ pastoris est ad presens ut dicitur solatio destituta, detrimentum pro defecta regiminis obstante vacatione diutina patiatur, vobis eligendis hac vice personam idoneam in ejusdem ecclesie futurum episcopum et pastorem licentiam tenore presentium impartimur, exhortantes vos in Domino quatenus talem personam eligere quæ preesse sciat et valeat, ac prodesse. Datum Parisiis die xiv septembris, anno Domini Mo. CCC. Lo IIIo. »

[*Archives de la Préfecture.*]

d'une manière satisfaisante, Hincmar les répéta à Hérard, archevêque de Tours, qui donna les meilleurs renseignements sur Willebert qui était né dans cette ville. On lui fit ensuite lire et expliquer divers textes sacrés et plusieurs canons de concile et réciter à haute voix sa profession de foi. Hincmar ne trouvant plus après cet examen de motifs pour persévérer dans son opposition le déclara franchement, et sacra Willebert le lendemain. Enfin l'évêque était quelquefois élu seulement et demeurait plusieurs années avant d'être sacré : Rotrou du Perche resta ainsi cinq ans sans recevoir la consécration (1190-1195).

Bien que consacré, l'évêque n'entrait en ville qu'après avoir prêté le serment entre les mains du doyen du chapitre (1) ; il ne pouvait non plus franchir la porte sans avoir également juré devant les gouverneurs et échevins de respecter la liberté de la cité. Une curieuse contestation est mentionnée dans les registres du conseil de l'année 1504, au sujet de l'entrée de Gilles de Luxembourg (9 novembre). L'évêque ayant d'abord songé à s'affranchir du serment, les autorités municipales décidèrent que si cela arrivait, elles se retireraient *par derrière les murailles* de la porte Saint-Jacques pour rentrer par la porte Saint-Jean et que l'abbé de Saint-Pierre irait seul faire la révérence au prélat. Mais Gilles revint sur sa résolution et jura, « en paroles de prélat, de tenir et garder,
» faire tenir et garder par ses gens et officiers, les droits,
» franchises, libertés, priviléges et prérogatives de ladite
» cité et desdits bourgeois et citoyens ; qu'il n'exigerait ou
» lèverait, ne souffrirait ses gens ou officiers lever ou exi-
» ger sur lesdits bourgeois et citoyens aucunes redevances
» ou servitudes, tailles ou aultres et par-dessus celles qui
» appartenaient d'ancienneté audit évêché : qu'il garderait,
» selon son pouvoir et défendrait, partout où il appartien-
» dra, à l'encontre de toutes personnes quelconques, les-

(1) Voici la formule du serment telle qu'elle est transcrite dans un cartulaire de l'évêché, écriture du XVe siècle :   (*Arch. de la Préfecture.*)

« Ego Archambaudus Cathalaunensis episcopus juro ad sancti Dei evangelia quod ego jura, libertates et consuetudines approbatos episcopatus et capituli Cathalaunensium pro posse meo fideliter observabo. Ne Deus me adjuvet et hec sancta Dei evangelia. »

» dits bourgeois et citoyens de toute exaction, violences,
» oppression et nouvelletés. » De même les gens du nouvel
évêque devaient prêter serment « au roi, à la ville et d'obéir
» en tout et pour tout au capitaine, gouverneur, quarte-
» niers et connétables de la cité (1). »

Une fois le serment prononcé l'évêque était complimenté
par les officiers municipaux qui lui offraient une coupe
d'argent (2); tout le clergé et les troupes bourgeoises l'atten-
daient à la porte et le conduisaient processionnellement
à la cathédrale, l'évêque à cheval, un poêle d'étoffe pré-
cieuse porté au-dessus de sa tête, et précédé de son maréchal. Le clergé de la cathédrale venait l'attendre solennellement au grand portail avec le dais sous lequel il se
plaçait : parvenu au milieu du chœur, l'évêque se proster-
nait, et après les prières d'usage déposait sur l'autel son of-
frande qui était une chape de drap d'or de la valeur de cent
écus, et il entrait ensuite dans la sacristie pour se revêtir
des ornements pontificaux ; on le conduisait alors au siége
qui était préparé à droite de l'autel et l'on chantait le *Te
Deum*. Après cette cérémonie il était mené processionnellement au palais épiscopal où un grand repas terminait la
fête. Ces usages changèrent avec le temps ; en 1504, pour
l'entrée de Gilles de Luxembourg, le poêle porté au-dessus de la tête du prélat et donné par la municipalité fut
supprimé : puis Sarry étant devenu tout-à-fait le lieu de
plaisance de nos évêques, l'usage fut adopté que le nouvel élu devrait y coucher ; une députation allait l'y chercher le lendemain et le conduisait par le Jard à l'église
Saint-Sulpice, à l'entrée du faubourg de Marne, puis
il montait à cheval et arrivait à la cathédrale (3).

(1) C'est ce j'ai trouvé pour l'entrée de la maison de l'évêque Louis de
Bar, composée de Jehan *dit* Lalement, de Vautier, bâtard de Cusance, de
Charlot Marabre, Calmet Dachery, Regnault de Montfault, Jehan de Mor-
ville, de messires Simon Richard et Pierre Paget, de Pierre de Joinville,
Perrin de Monfan *dit* Malclance, écuyer, de Pierresson de Banquay, conseiller, de Petitjean, cuisinier, et de Simonet, chevaucheur. »
[*Registre du conseil de ville, 28 novembre* 1420.]
(2) La coupe offerte à Gilles de Luxembourg pesait sept onces deux marcs
cinq trézeaux, à 14 livres 15 sols le marc. (*Reg. du cons. de ville.*)
(3) En droit, l'évêque devait toujours venir à Saint-Sulpice, attendre la
députation et entrer en ville par la porte de Marne ; mais bien souvent cet
usage fut violé.

Juridiction temporelle de l'Evêque.

La juridiction temporelle de l'évêque fut d'abord à peu près souveraine à Châlons. Une charte de Charles-le-Chauve de l'année 845, confirma tous les priviléges accordés à l'église Saint-Etienne par les rois ses prédécesseurs, défend à ses officiers de jamais s'immiscer dans les affaires de cette église, et lui fait don de tout ce que le fisc pouvait encore prélever dans ses possessions : un autre diplôme de 850 défend impérieusement aux laïcs de rien enlever des terres de Saint-Etienne sous le peines les plus sévères. L'évêque de Châlons jouissait des droits régaliens, le roi n'ayant conservé que le fief et le ressort pour lequel le prélat lui devait seulement foi et hommage, et la charte de concession portait même que ni le souverain ni l'évêque ne pourraient instituer de commune à Châlons (1) : depuis 865 ce dernier avait droit de frapper monnaie. Il avait à la fois l'autorité civile et ecclésiastique sous le serment de fidélité au roi comme évêque et l'hommage-lige comme comte. Titré pair et ber, — c'est-à-dire baron de la couronne,— il assistait au sacre du souverain, au baptême de l'héritier de la couronne, aux séances du parlement et pouvait souscrire les actes du gouvernement. Guy de Montagu (1142-

---

(1) In nomine sancte et individue Trinitatis, ego Guido Dei gratia Cathalaunensis episcopus omnibus notum fieri volemus Cathalaunum, comitatum et dominium civitatis et cetera regalia Cathalaunensis ecclesie in ea libertate et stabilitate a regibus Francorum eidem ecclesie et episcopo ejus ab antiquo fuisse concessa et tradita, ut ab ea separari non possint. Unde non licet regi Francorum nec nobis in civitate Cathalaunensi communiam facere vel faciendam civibus concedere, ut tam episcopus quam canonici omnia jura sua integra et illibata libere teneant et perpetuo jure quiete possideant. Hec igitur omnia perpetue stabilitatis robur obtinere volentes, presentem paginam sigilli nostri auctoritate confirmamus, sub anathemate prohibantes ne quis hunc nostram confirmationem infringere vel aliquomodo contra eam venire attemptet. Datum per manum Gerardi concellarii nostri.

Sceau avec lacs en soie jaune et rouge.

[Arch. de la Préfecture. fonds du chapitre.]

Cette charte, la plus intéressante des pièces relatives à notre ville est d'une parfaite conservation. Les copies qui en ont été données jusqu'à ce jour renferment chacune plusieurs fautes ; de plus, elle est attribuée, par tous les historiens, à Gui 1er, qui occupa le siége épiscopal de 1004 à 1008, tandis qu'il n'y a qu'à jeter un coup-d'œil sur la forme et les lettres pour voir qu'elle date du XIIe siècle, et a été rendue par conséquent par Gui de Montagu (1142-1147).

1147) est le premier qui nous ait laissé une pièce mentionnant le titre de comte de Châlons. Sur la ville elle-même, le pouvoir épiscopal fut d'abord complet, absolu : les bans des abbayes de Toussaints, de Saint-Pierre et du chapitre n'en furent que des démembrements volontaires ; les deux premiers datant de 1028 et 1062, le dernier de 1259 seulement. Le ban du chapitre comprenait le cloître, les maisons des chanoines, Notre-Dame-en-Vaux, l'Hôtel-Dieu, les maisons adjacentes, l'église Saint-Loup, la terre du Rougnon, les maisons de campagne des chanoines et des bénéficiaires ; le ban de Saint-Pierre comptait 580 maisons de la ville, c'est-à-dire le quartier qui environnait le monastère en s'étendant du côté de St-Loup et descendant probablement jusqu'à l'ancienne église Saint-Nicaise (1), les foires franches et la vallée Saint-Pierre ; le ban de Toussaints ne comprenait que cent quarante maisons. Or, comme une charte du roi Charles VI, du 25 juillet 1421, dit qu'à cette époque les guerres et les maladies avaient réduit Châlons à 1,200 feux taillables au lieu de 2,500, on voit que la juridiction épiscopale embrassait, même après ces cessions de bans, une vaste étendue.

« La seigneurie de l'évêque en ville commence du côté de la cité, au pont Ruppé, sur la rivière de Marne, au bout du faubourg de la Trinité, en traversant toute la ville jusqu'à la porte Saint-Jacques, et en tirant en dehors jusqu'aux finaiges de Saint-Martin et Vinetz, Recy, La Veufve, le Temple et Melette, où il y a de deux lieues à une lieue de long sur une lieue à une demi-lieue de large. Elle s'étend depuis le pont Ruppé en tirant le long de la Grand'Rue, traversant le marchié au blef, tirant sur la croix des Teinturiers et les églises Sainte-Marguerite et Saint-Éloi jusqu'à la porte Sainte-Croix, et de là aux finaiges de Montcelz et Songny, avec la Blaise, le bois de Forest et la Marne. *Item*, en outre, depuis le pont Ruppé en tirant par le marchié devant la croix des Teinturiers jusqu'à la moitié du pignon du mur de la maison de la Follie où est une borne en pierre haute de cinq pieds, où commence le ban

---

(1) L'emplacement de cette église est aujourd'hui occupé par les maisons n°° 50 et 50 *bis* et quelques bâtiments adjacents, dans la rue qui porte son nom.

Saint-Pierre qui s'étend jusqu'à la porte Saint-Jehan ; là recommence le ban de l'évêché au jardin Griffon pour aller à Saint-Menge jusqu'à la maison Hautepierre qui la sépare des bans Saint-Menge et jusqu'à la ruelle des Corvées. Et de cette ruelle, assez près du bout vers Saint-Menge, passant oultre à dater d'une borne à la jonction de la ruelle Malepart, tirant une ligne vers une borne au bout de la vigne de Jehan Chabrault, et de là revenant à la ruelle des Corvées tout droit. » (1)

Voici un extrait du dénombrement rendu par Pierre de Hans au roi, en 1255 :

« Du roi notre souverain seigneur, je, Pierre de Hans,
» évêque comte de Châlons, pair de France, tiens, con-
» nais et avoue tenir en plein fief, foi et hommage, les
» choses qui en suivent : 1° le palais épiscopal avec ses
» appartenances et les jardins tenant à la rivière de Marne.
» *Item*, la seigneurerie temporelle, haute, moyenne et
» basse justice dans toute la ville, cité et territoire, faux-
» bourgs et rivière dudit Châlons, excepté en certains
» lieux de la ville ès quels les abbés et couvent de Saint-
» Pierre-aux-Monts, les abbés et couvent de Toussaints et
» les doyen et chapitre dudit Châlons ont fiefs par conces-
» sion et don de nos prédécesseurs évêques. *Item*, j'ai le
» droit qu'il n'est permis aux habitants dudit Châlons de
» de ne faire aucune assemblées, tailles ou cueillettes en
» ladite ville sans ma permission ou celle de mon bailli en
» mon absence, lequel préside aux dites assemblées, soit
» générales, soit particulières, ou celui ordonné par moi
» à cet office, et les doivent faire et tenir lesdites assem-
» blées en mon palais épiscopal et non ailleurs sans mon
» congé ou celui de mondit bailli sous peine de soixante
» livres d'amende contre lesdits habitants, toutes les fois
» qu'ils contreviendront » (2).

Ce droit de provoquer les assemblées et de les présider accordé aux évêques a été le sujet d'interminables contes-tations entre l'évêché et la municipalité : en maintes cir-constances les habitants de Châlons cherchèrent à s'y sous-traire, mais leurs efforts furent toujours inutiles. Ils es-

(1) Cartulaire de l'évêché conservé à l'hôtel de ville.
(2) Ce passage est extrait des documents rassemblés par dom François.

sayèrent d'abord de refuser au bailli de l'évêque le pouvoir de les présider en l'absence du prélat, mais ce privilège ayant été bien authentiquement reconnu, ils voulurent attaquer directement la domination épiscopale. Le roi se prononça toujours en faveur de cette dernière et notamment en 1255 et 1260, dans une séance solennelle des Grands Jours, et même des lettres-patentes du 2 août 1436, ordonnèrent que l'évêque fut rétabli dans tous les droits et possessions dont il avait pu être dépouillé pendant les guerres des Anglais (1). Peu à peu néanmoins, le calme revenant en France et le souverain prenant une autorité réelle et efficace, tout tendit vers l'unité, les influences locales s'en ressentirent naturellement, et l'évêque de Châlons ainsi que les autres seigneurs virent leur autorité s'affaiblir. La création du capitaine royal avait été la première brèche faite à sa puissance; en 1528 un nouveau coup, cette fois plus décisif, vint la lui enlever quant au gouvernement de la cité; les seigneurs temporels, le lieutenant du bailli de Vermandois et les conseillers de ville convoquèrent la grande assemblée de la Saint-Martin d'hiver où se réglaient les comptes annuels et s'élisaient les officiers municipaux, sans l'autorisation de l'évêque. Il se plaignit et porta l'affaire devant le parlement qui lui donna tort et le condamna aux dépens (18 novembre). Les débats se prolongèrent cependant jusqu'à ce qu'une délibération du conseil de ville intervint et y mit fin en déclarant que les publications des assemblées ne pourraient plus se faire, même dans le ban épiscopal, sans l'autorisation du lieutenant du bailli de Vermandois (8 novembre 1550).

Jusqu'à l'établissement du capitaine royal, les clefs de la ville et des chaines qui barraient les rues, avaient été confiées à l'évêque. Le droit d'affranchir en faisant baiser son anneau lui appartenait également, et ce ne fut qu'en 1265, que Conon de Vitry se dépouilla de cette prérogative, ne voulant plus à l'avenir qu'aucune personne relevant de l'évêché par main-morte ou for-mariage, pût être affranchie sans l'avis du chapitre. Les gens ainsi affranchis constituaient les chevages du franc-annel; ils étaient soumis à un cens qui se payait le lundi de Noël, savoir:

(1) Archiv. de la Préfecture. Fonds : Évêché.

quatre deniers pour les hommes et deux pour les femmes ; ceux qui manquaient à ce devoir payaient cinq sols d'amende. Enfin une charte de Saint-Louis, adressée au comte de Champagne en 1227, reconnaît la puissance de l'évêque en déclarant qu'il ne réclamait sur Châlons que les droits de protection et de sauve-garde, et, en 1285, le parlement attribue la garde du chapitre à l'évêque et non plus au roi, excepté dans les cas de vacance du siége (1). Ce droit de garde gardienne était de la plus haute importance puisqu'il rendait l'évêque en quelque sorte le patron du chapitre. Les corporations des métiers devaient toutes une redevance à l'évêché et la plupart d'entre elles relevaient de sa juridiction : l'évêque percevait des droits particuliers sur le minage, le forage du vin, les boucheries, les foires, les fers, les boulangeries, les friperies, la draperie, les pelleteries, les toiles, le sel, etc. Dès 1147, Louis vii avait renoncé en faveur de l'évêché à un privilége assez bizarre qui rendait le souverain héritier des biens de l'évêque de Châlons, meubles et immeubles.

La portion la plus intéressante peut-être des droits de nos prélats, fut le pouvoir d'intervenir directement dans les élections des échevins de la ville, droit qu'ils purent exercer sans contrôle jusqu'au xiiie siècle. A cette époque, les bourgeois s'arrogèrent à leur tour l'autorité de choisir leurs échevins en cas de vacance. L'évêque s'y opposa, soutint son droit, et enfin une sentence arbitrale, rendue par Pierre de Hans, doyen du chapitre, Pierre de Hermonville, archidiacre de Joinville, Pierre, abbé de Toussaints et Drogon de Chantemerle, chanoine de Troyes, en juin 1288, décida qu'à l'avenir les bourgeois présenteraient leur candidat à l'évêque qui lui accorderait des pro-

(1) Voici une pièce assez curieuse relative à ce sujet :
« Excellentissimo principi ac domino Philippo, Dei gratia regi Francorum Joannes miseratione divina Cathalaunensis episcopus, ejus fidelis et devotus salutem et paratam ad regis beneplacita ac mandata voluntatem : cum nos ratione episcopatûs nostri Cathalaunensis, simus et esse debeamus legitimus gardianus ecclesiæ nostræ Cathalaunensis et ipsius ecclesie personnarum, hominum, bonorum et jurium eorumdem, quam gardiam a vobis tenemus in feodum, ut jura dicte ecclesie dictarumque personnarum et hominum liberius et salubrius conservari valeant, etc. » L'évêque termine en chargeant Robert de Sarry de se rendre près du roi comme son procureur spécial, et de régler en parlement la question même de la garde gardienne (décembre 1287). (*Arch. de la Préfecture, fonds du chapitre.*)

visions et recevrait son serment. Peu à peu l'écherinage acquit de l'indépendance, et bientôt la puissance de l'évêque devint purement nominale, sans qu'on songeât à l'exercer. Un des droits de l'évêché était encore de prendre chaque jour un panier de verjus dans les vignes voisines de la ville, tant que les raisins restaient dans cet état. Sous ce prétexte, les domestiques de l'évêque y causaient des dommages réels et les propriétaires s'en étant plaints, Simon de Châteauvillain convertit ce droit en un cens annuel de douze deniers par arpent de vignes situés sur le mont Saint-Michel et huit pour celles plantées du côté de la rue Ranciennes (1352).

Tous les biens vacants ou confisqués appartenaient à l'évêque; de nombreuses chartes royales, et notamment celle de février 1315, stipulent que les biens des bâtards et aubains décédés dans son ban, demeurant dans sa seigneurie et nés de ses femmes de corps, lui revenaient également.

Le cartulaire de l'hôtel de ville, mentionne formellement que, ni le bailli de Vermandois, ni ses officiers, ni le prévôt forain de Laon ne pouvaient avoir de siège à Châlons ou dans les villages de l'évêque, et ne pouvaient non plus y tenir justice.

Le capitaine royal, son lieutenant et les deux valets de ville devaient présenter leurs lettres à l'évêque ou à son bailli et prêter serment entre leurs mains. « Et ledit capitaine » n'a cognoissance sy non de ceulx qui deffendroient au guet » ou à la porte, comme il est à plain convenu sur ce faict » entre le seigneur temporel et gens du conseil de ville.» (1)

Le jour des Brandons, à six heures du soir, l'évêque avait le droit de faire assembler devant la Loge tous les bourgeois et sujets non nobles de son ban, ceux qui en avaient les moyens à cheval, et tous en armes; puis le prévôt leur faisait faire le guet dans la ville; chaque deffaillant sans motifs, supportait une amende de cinq sols. C'est ce qu'on appelait le guet du prévôt ou des Brandons.

La justice patibulaire de l'évêque était hors de Châlons, aux Petits-Monts, sur le chemin de Fagnières, laquelle » justice on a accoustumé de faire pendre et estrangler tout » malfaiteur de toute ancienneté.» (2) Le pilori, pour l'exposition des condamnés, était sur la place du Marché devant

---

(1) — (2) Cart. de l'évêché à l'hôtel de ville.

l'hôtel des Trois-Rois. Quand un individu était condamné à être fouetté « aux contours de la cité, » le bourreau le menait aux fourches patibulaires, lui donnait *deux ou trois coups de verges* pour bien constater que c'était là le véritable lieu d'exécution, puis le ramenait subir sa peine en ville.

On ne pouvait bâtir de maisons en saillies, mettre des enseignes, fenêtres, auvents, étaulx, faire de cris publics, établir de théâtres forains, etc., dans la ville, sans l'autorisation de l'évêque. Il la donnait gratuitement ou non ; dans ce dernier cas le vidame percevait un droit.

Officiers de l'évêque.

La justice épiscopale était souveraine et jugeait de tous les délits et crimes commis dans le ressort de la seigneurie, et cela en dehors complètement de la juridiction du grand bailliage de Vermandois qui, à Châlons, était à peu près nulle dans l'origine : en 1260, nous voyons même saint Louis ordonner au grand bailli de retirer ses sergents qui empiétaient chaque jour sur l'autorité de l'évêque et insultaient ses officiers.

Cette justice était rendue par le bailliage, présidé par le bailli qui, en réalité, se trouvait le premier après l'évêque, le pouvant représenter en toute circonstance : il jugeait au civil, connaissait des arts et métiers : le bailliage se composait en outre d'un lieutenant, d'un sous-lieutenant, d'un procureur fiscal et d'un greffier-notaire. La juridiction criminelle et de police était exercée par la cour prévôtale, composée d'un prévôt, d'un lieutenant, de sept conseillers et échevins de l'évêché, d'un procureur fiscal et d'un greffier-notaire. Le premier prévôt de Châlons que l'on trouve dans les chartes est Nicholas, en 1134. Au moyen âge cette cour était généralement connue sous le nom de *la Loge*, et l'on voit fréquemment figurer dans les actes des xiiie et xive siècles le nom du clerc de la Loge.

Les appels allaient au parlement, parce que cette cour se trouvait seule hiérarchiquement au-dessus des deux juridictions que je viens de citer, les officiers qui les composaient étant juges de paierie.

Le bailli était institué par l'évêque, il habitait son hôtel et devait être versé dans la connaissance du droit et des coutumes, de manière à pouvoir rendre la justice et plaider lui-même les causes épiscopales devant le roi ou en cour du parlement. C'étaient du reste des hommes distingués, et en 1449, nous voyons Jean de Haraucourt, évêque de Verdun et René de Lorraine, choisir comme arbitres pour mettre fin à un différend important ; le premier, Jean de Gratreuil, bailli de notre évêque, et le second, Jean de Vroil, bailli de notre chapitre. Le bailli connaissait des blasphèmes en dernier ressort. Un aveu de 1464, conservé dans les archives, fonds de l'évêché, rappelle une transaction de 1288, et s'exprime ainsi :

« *Item*, pour l'exercice de cette justice temporelle, l'évêque de Châlons, de toute ancienneté a un bailli, un prévôt, sept échevins jurés et plusieurs sergents, auquel bailli appartient la connaissance et juridiction des droits dudit évêché et des nobles demeurant en la temporalité de l'évêché, en actions personnelles, et auxdits prévôt et échevins jurés appartient la connaissance et juridiction de tous les autres cas criminels, réels et personnels appartenant à officiers en haute justice, moyenne et basse. »

Un acte de notoriété du 5 novembre 1542 déclare formellement que les nobles de Châlons ne sont justiciables que du bailli de l'évêque. Il décidait aussi des nobles forains ayant procès au ban de Châlons, « for des arrêts coustu- » miers, » des tutelles, etc. ; les échevins jugeaient les bourgeois ; le bailli jugeait également les vilains. Mais qui décidait dans les contestations entre l'évêque et son vidame ? (1) « Quand li évêque plaidoye li vidame ou li vidame » l'évêque, ou si li vidame ou li chapitre se plaidoyent, » li pers de Châlons les doivent juger si comme est » (suit la liste de pairs). En cas d'incompétence ou à défaut de la présence de ces pairs, l'affaire allait devant le roi. « Qui ast son pers de Chaalons et font faire droit » dou fié de Chaalons dont on plaide, et se il ne le puent

_____

(1) Ce que je place entre guillemets sont les fragments que j'ai pu retrouver dans le grand cartulaire de l'évêché, conservé à l'hôtel de ville. Mais les deux premiers passages qui suivent sont tirés du *Peau de Veau*, recueil des us et coutumes de l'évêché de Châlons, fait par les ordres de l'évêque Philippe de Nemours, et perdu depuis 1788 : ces fragments sont conservés dans les manuscrits de D. François.

» faire, li roi le faict. » Voici maintenant le cas de l'appel
au roi : « Si un home plaide en la cour de Chaalons et le
« plais va devant le roi par appel ou en autre manière, se
» le plais demeure devant le roi, il les fera juger à l'*us*
» *de Chaalons* dont ils sont meu. Si aucun qui est de la
» justice de l'évêque se veut plaindre de lui au roi, il se
» peut faire ajourner, en sa court, et lui convient répondre
» ou droit faire, et se aucuns se plaint de chose d'où il doit
» tenir la justice, ou aucuns de ses justiciables, ou plusieurs
» se plaignent de lui et vont au roi contre lui par appel ou
» en autre manière et requiert ladres de lui : si le devant
» dit évêque requiert sa court et offre droit à faire as par-
» tie, il l'aura, for qu'en trois cas : sur le 1ᵉʳ se on appels
» de mauvaitié son cors ; le 2ᵉ pour deffaute de droit : le
» tiers se en l'apele pour faux jugement, et se ons l'apele
» pour les deux derniers cas devant dits, et on dit contre
» lui pourquoi il ait mesprins, il doit dire sa raison pour-
» quoi il n'est en nul deffaut ; s'il ne puet montrer raison
» pourquoi il ne soit en deffaut, il raura sa court. » Dans
un autre passage se trouve consacré l'usage des vacances de Pâques pour la magistrature : « On ne plaidie
» mie en la chretienté sept jours devant Pasques et sept
» jours après. »

Au moyen âge les officiers de la cour épiscopale avaient
des droits et une juridiction à exercer : nous examinerons
dans un chapitre à part ceux du vidame.

« Quand l'évêque vient de nouviaux à Chaalons, cil qui
» tient le fief à Cernon (le maréchal) a le palefroy sur le-
» quel l'évêque a fait son entrée (1). »

Le bouteiller, qui recevait au même moment le tonneau
de vin et la coupe d'argent, devait entretenir le crieur
chargé de vendre les vignes de l'évêché.

Le sénéchal, qui prenait l'écuelle d'argent, « avait les
» plaids des pecheurs dou metier, des selliers, des loriniers,
» des verriers, des fourbisseurs, des peintres, des chapeliers,
» des armuriers, des tailleurs, et de cil qui font aumuses

(1) Le possesseur de la seigneurie de Cernon était maréchal héréditaire de
l'évêché de Châlons ; le mariage de Marie du Fayot, en 1640, avec Pierre de
Pinteville donna cette terre et cette charge à la famille de Pinteville.

» (ou robes) aux enfants. Ils doivent chacun lui fournir
» une pièce de leur mestier comme chef-d'œuvre. Si li uns
» se plaint de l'autre ou des estrangers, et on se plaint de
» l'un d'ieux au prévôt, le sénéchal n'avait mie le plaid,
» et si a le plaid de francs homes deudans Chaalons et des
» arrestés de tous sergents a-t-il le plaid jusqu'à sept sols et
» demi, quand il passe sept sous et demi, que bataille est
» fermée, il doit rendre le plaid au prévôt de Chaalons.
» *Item* sur les juifs : ils ne pouvaient vendre à gaiges sans
» congié des gens du sénéchal. » Dans une charte de 1185,
on trouve la mention de Jean, sénéchal de l'évêché. L'é-
vêque, Jean de Châteauvillain, racheta le sénéchalat à
Pierre de Courtisols et réunit à sa justice cette juridiction.

Le chambellan avait, avons nous dit, un droit assez bizarre : « Quand évêque nouveau vient à l'évêché, li gentil-
» hommes reprennent son fiefs dudit évêque, et quand ils le
» reprennent et li font homaige, ils doient au chambellan
» et li rendent la doublure qu'ils ont deseur lors robes,
» soit chapes ou houces et autres garnements, ou ils en font
» son gré, mais de droit ne an don mie que il la doient et
» sont la droicture don chambellan. »

Le maître d'hôtel, *dapifer,* était aussi un personnage assez important, car il figure parmi les témoins de presque
toutes les chartes de l'évêché au xiie siècle.

Le notaire ou tabellion rédigeait les actes de l'évêché,
était de droit le greffier des assemblées de ville (jusqu'au xvie
siècle seulement bien entendu), tenait les registres des délibérations, expédiait les institutions d'offices et avait pour
cela cent sols de gages de la municipalité. Cette charge se
donnait à ferme. Le notaire était astreint à résider à la
Loge : il devait en outre faire l'instruction des crimes et
délits commis dans l'étendue du ban épiscopal, tenir également les registres de la prévôté, visiter les prisons, et assister le prévôt, qui lui devait 20 livres par an. Il faisait
seul les inventaires des successions dans toute la ville, et
nul tabellion royal ne pouvait agir sans son autorisation,
lui seul pouvait encore passer des procurations. Il était astreint à entretenir à ses frais dans la Loge, un nombre suf-
fisant de clercs pour l'expédition des affaires.

L'argentier avait la direction des deniers de l'évêque,

faisait les recettes , réglait les dépenses ; on verra plus loin que c'est lui qui présidait à la mise à ferme des droits mobiliers de l'évêché et qu'il était astreint à certains droits en cette circonstance. De plus , il devait fournir à ses dépens le linge de table pour la Cène , les bassins et le linge pour le lavement des pieds du Jeudi-Saint.

On voit aussi paraître une fois le nom d'un avoué de l'église de Châlons ; c'est celui du duc Godefroi, sans doute, duc de Lorraine ; il figure parmi les signataires du nouveau privilége accordé pendant l'assemblée de Laon , à l'abbaye de Mouzon , par Arnoul, archevêque de Reims : on y lit : » *Signum Rotgeri Cathalaunensis episcopi. — Signum Godefridi ducis ejusdem ecclesie advocati.*» L'avoué était un officier de justice que les églises, les abbayes et les évêchés quelquefois même prenaient pour protéger les biens ecclésiastiques. Ces patrons étaient choisis parmi les plus puissants seigneurs des environs, afin qu'ils fussent en état de se maintenir contre les autres seigneurs.

Pour en revenir au sujet dont nous nous sommes un peu éloigné , nous répéterons que le bailli était le premier après l'évêque et se trouvait à la tête de l'administration de la justice. Il connaissait « des ordonnances anciennes faites à » Châlons sur le faict et gouvernement des métiers , des » bannières et des choses politiques de ladite ville, des » fiefs et vassaux, des droits domaniaux de la pairie.» Il avait « la connaissance, détention et juridiction des no-» bles malfaiteurs en prison. Il jugeait encore des abus de » tous les officiers placés sous ses ordres. »

Le prévôt était institué généralement en ferme, de trois en trois ans, à 8 livres par an. Pour acquérir cette charge, il fallait être laïc, justiciable et sujet de l'évêque et demeurer en son ban. Il jugeait avec les échevins de toute sentence définitive civile et criminelle et avait toujours l'instruction. Pour que ces jugements fussent valables, il fallait au moins que deux échevins assistassent le prévôt dans ses *plaids*, qui se tenaient trois fois par semaine, les lundi, mercredi et samedi pour les Châlonnais; tous les jours au besoin , pour les forains.

Quand les échevins avaient prononcé le bannissement et la confiscation des biens d'un accusé, le prévôt prenait

37 sols et 6 deniers ; si l'évêque gardait les biens, il payait cette somme ; si les biens se trouvaient insuffisants, le prévôt ne touchait rien. Nous avons dit que les nobles étaient de la justice du bailli ; mais si un gentilhomme avait encouru la peine capitale, les échevins prononçaient la condamnation, comme seuls juges co... ts, et la sentence prononcée, le faisait délivrer ...dame ou à son prévôt : les biens confisqués revenaient toujours à l'évêque. Quand il y avait appel, si le jugement des échevins était cassé, ils supportaient les dépenses. Leur charge était purement honorifique, et il était formellement stipulé qu'ils ne devaient jamais rien recevoir.

Parmi les réglements judiciaires rapportés dans le cartulaire de l'hôtel de ville, il en est quelques-uns que nous croyons bons à noter.

Si quelqu'un frappe de glaive ou de bâton un noble de la justice épiscopale, il doit à l'évêque 60 livres d'amende. Si quelqu'un s'engage par lettres scellées au bailliage de l'évêché et que sa promesse soit exécutée dans l'étendue du ban, il doit à l'évêque 5 sols.

Les amendes des délits étaient fixées à 37 sols 6 deniers, et étaient toutes au profit du prévôt.

Si quelqu'un jette pierre ou caillou à un autre, il paie 60 sols, sur laquelle somme, 56 sols 6 deniers revenaient au prévôt.

Même peine pour celui qui blesse avec un couteau, n'étant pas en cas de légitime défense.

Si quelqu'un appelle d'un jugement du prévôt et perd, il paie 60 sols au prévôt.

Dans les seigneuries, l'évêque avait partout une justice régulièrement organisée : un maire ou mayeur à Saint-Memmie, qui était chargé des ajournements, des saisies, main-mortes, exécutions et autres exploits : il percevait pour lui toutes les amendes au-dessous de 7 sols 6 deniers, et prélevait les mêmes sommes sur celles qui les dépassaient ; d'autres maires à Tonnance, à Pogny, à Sarry, au Bois-Amaide, au bourg du pont Ruppé ; des prévôts à Saint-Memmie, Sarry, Heiltz-l'Evêque, Villeneuve, Tonnance, etc.

De la prévôté de Sarry relevait les seigneuries de Sarry, Saint-Germain, Coupéville, Saint-Jean-sur-Moivre,

Dampierre-sur-Moivre, Francheville et Vésigneul. Le bailli jugeait des appels de toutes ces justices. Comme les prévôts, les maires étaient institués à ferme, en garde ou à l'année.

Le sceau de l'évêque ne diffère pas de ceux des autres prélats de France : au XIe, XIIe, XIIIe siècles, il est de forme ovale, et représente un évêque mitré, tenant la crosse d'une main et bénissant de l'autre, sur ceux de Gui de Montagu et de Gui de Joinville, avec la légende : ✝ SIGILL. GVI-DONIS. DI. GRATIA. CATHALAVNENSIS. EPI.

A la pièce que nous avons citée pour le sceau capitulaire, est également appendu celui de Jean de Châteauvillain (ovale) : ✝ S. IOHANN. DEI. GRA. EPISCOPI. CATHALAVNENSIS, évêque mitré, avec la crosse et bénissant. Contre-sceau : ✝ ECCE. VIDEO. COELOS. APERTOS. Un Saint-Étienne lapidé.

Mais plus tard, il se charge de dessins : celui d'Archambauld de Lautrec est d'un charmant travail et de forme ovale :

✝ SIGILLV. ARCHAMBAUDI. DEI. GRA. EPI. CA-THALAVNENSIS. Au bas l'évêque en prières sous un portique ; sur les montants, à droite et à gauche, deux anges tenant l'un l'écusson de Lautrec, parti de — à 5 lions posés 2 et 1, et de — au lion de — ; l'autre, l'écusson de l'évêché de Châlons, d'azur à la croix d'argent, cantonnée de quatre fleurs de lys d'or : au-dessus un Saint-Étienne à genoux accosté de deux hommes qui le lapident, et couronné. A droite et à gauche, deux anges en prières ; le tout surmonté de trois charmants clochetons.

Juridiction ecclésiastique de l'évêque

Il n'est pas de notre intention de parler ici pour l'évêque de Châlons de la juridiction spirituelle qui lui était commune avec tous les autres évêques de France, mais seulement de dire quelques mots sur les attributions particulières dont il jouissait dans le gouvernement de son église.

L'évêque nommait les quatre archidiacres et le trésorier du chapitre Saint-Étienne : toutes les autres dignités et les canonicats étaient à la collation des chanoines, comme les prébendes et les bénéfices.

Dans son diocèse, l'évêque n'avait aucune nomination
à faire dans les chapitres de Vertus, de Joinville et de Vitry,
et même sa juridiction était assez attaquée sur les dix-huit
abbayes qui en dépendaient.

L'évêque devait visiter une fois par an, à la semaine
Sainte, l'abbaye de Saint-Pierre-aux-Monts ; les religieux
et novices étaient tenus d'aller le recevoir processionnellement à la grande porte ; l'abbé le saluait « jusqu'à terre »,
l'encensait et lui faisait baiser le livre des évangiles ; on
rentrait dans le chœur et après la bénédiction épiscopale
la visite commençait ; mais en même temps l'abbé maintenait ses priviléges intacts. Ainsi on voit une charte de 1317
par laquelle l'évêque, Pierre de Latilly, reconnaît ne pas
avoir le droit de gite dans l'abbaye, et un autre du même
prélat dans laquelle il dit expressément qu'ayant prêché à
Saint-Pierre le dimanche des Rameaux, il y avait diné sur
l'invitation de l'abbé et non en vertu d'un droit (31 mars
1325).

Une pièce écrite en caractères du xive siècle et donnant
la liste des seigneurs qui devait l'hommage à l'évêque,
cite, après l'abbaye de Saint-Pierre, celles de Saint-Memmie (1), de Notre-Dame d'Andecy, du Reclus, les prieurés
de Vanault, de Vinetz et de Saint-Gond.

Sur les autres monastères, notre évêque avait généralement des droits excessivement bornés ; ce n'était guère que
ceux de bénir le Saint-Chrème, d'ordonner les prêtres et de
convoquer les abbés aux synodes diocésains, comme le reconnaît Guillaume de Champeaux pour l'abbaye de Cheminon
(1115), Jean de Maudevilain pour celle du Der (1540), etc.

Mais ce fut avec le chapitre Saint-Etienne que les évêques de Châlons eurent d'interminables démêlés. Cette lutte
qui, malgré quelques trêves, se prolongea durant près de
six siècles, commença au moment où les chanoines ayant
obtenu la suppression du prévôt, vers 1063, et l'institution
du doyen seul, se sentirent plus forts et plus indépendants. La
bonne intelligence cependant existait encore avec l'évêque

(1) Bulle du pape Innocent iv, qui confirme la juridiction de l'évêque de
Châlons sur le monastère de Saint-Memmie, sauf la haute autorité de l'archevêque métropolitain. Donné à Lyon, le 4 des ides de juin 1250. (*Arch.
de la Préfecture.*)

Guillaume de Champeaux (1113-1122) ; il vivait au milieu de ses chanoines, donnant des leçons publiques et expliquant les saintes Écritures. Parmi les dons qu'il fit au chapitre on doit signaler sa renonciation au droit de se servir du trésor de la cathédrale, dont avaient joui ses prédécesseurs ; à cette époque, du reste, le prélat exerçait une grande autorité sur les chapitres ; il pouvait, quand il sortait de Châlons, prendre tel nombre de chanoines qu'il voulait, et les envoyer où bon lui semblait. Mais Geoffroi II de Grandpré ayant demandé et obtenu du pape une sévère réforme pour les chanoines (1246), cette mesure indisposa vivement le chapitre contre l'évêque, et peu de jours après le doyen s'étant plaint de certaines vexations de la part du comte Thibaut IV de Champagne sans obtenir de réponse de Geoffroi de Grandpré, il fit cesser une première fois l'office divin à la cathédrale et fut approuvé par l'archevêque de Reims. En 1268, l'évêque affranchit plusieurs serfs de sa seule autorité ; le doyen fit cesser cette fois le jeu des orgues, obtint du prélat une indemnité de 1100 livres tournois, et ne fit recommencer à jouer l'orgue que sur une bulle du pape, en mars 1269. Cette usurpation de pouvoir de la part des chapitres prenait une grande extension en France ; à Reims même, le chapitre condamna le prévôt de l'archevêché et plusieurs de ses sergents à assister à une procession, tête et pieds nus, et tint la ville en interdit jusqu'à ce que le prélat lui eut donné réparation de ce dont il se plaignait. Les évêques alarmés de ces progrès se réunirent en concile, à Compiègne, en 1277, et déclarèrent que les chapitres ne pouvaient en aucun cas avoir l'exercice de ces prétendus droits. Nos chanoines ne se rendirent pas à ces injonctions, et on les voit recommencer dès l'année suivante et ne céder que sur une nouvelle bulle du pape Nicolas III, qui leur ordonnait de faire des excuses à l'évêque et de lui payer tout l'argent perçu depuis le jour de la cessation du jeu de l'orgue jusqu'à celui de leur soumission (22 février 1279).

En 1284 commença avec l'évêque Jean de Châteauvillain, au sujet de la juridiction temporelle et spirituelle, une nouvelle querelle qui se prolongea près de vingt ans.

Le pape Honoré IV (Jacques Savelli) avait été chanoine

de Châlons, et donna à ses anciens confrères, aussitôt son avénement, deux bulles dans lesquelles il leur reconnaissait le droit d'excommunier ceux qui feraient tort à l'église Saint-Etienne qu'il appelle « sa mère » et qu'il chérit « comme sa fille », et le droit de faire arrêter et punir par leurs officiers ceux qui commettraient des crimes dans le cloître, clercs ou laïcs. L'évêque, blessé dans sa suprématie, se plaignit au parlement et au roi. Pendant ce temps les chanoines cessèrent encore l'office divin : Jean de Châteauvillain voulant y mettre fin sans délai, se présenta à la porte de la cathédrale, se la fit ouvrir de force, y célébra la messe, et, étant accompagné de son bailli, fit rendre la justice dans le cloître, ce qui causa, dit la chronique, du scandale, des excès et des violences. Le parlement donna tort à l'évêque qui, obsédé de ces perpétuelles discussions, s'éloigna de son siége. Le chapitre alors lui adressa une monition des plus sévères pour qu'il ait à revenir et « à cesser de mener une vie vagabonde, 1295 (1). » Enfin le pape intervint, nomma des commissaires qui, réunis à des arbitres choisis par Jean de Châteauvillain et le doyen, Simon de Hans, parvinrent à faire cesser ce déplorable état de choses (10 janvier 1300). Comme on doit le penser, cette défaite porta un coup sérieux à l'autorité épiscopale et augmenta singulièrement celle du chapitre. Grâce à ces concessions, la bonne harmonie se rétablit quelques années; en 1392, on voit l'évêque, Charles de Poitiers, faire une nouvelle concession en reconnaissant, on ne sait trop pourquoi, que le chapitre était sous la sauvegarde du roi, et que de plus il n'avait pas le droit de faire afficher ses mandements sans permission aux portes des églises Saint-Etienne et Notre-Dame. Deux ans plus tard, il confirma aux chanoines la faculté de refuser l'assistance de leurs clercs aux cérémonies religieuses, entre autres à la consécration des Saintes Huiles. A dater de ce moment l'autorité capitulaire fut parfaitement distincte de celle de l'évêque, et ces deux pouvoirs continuèrent à subsister concurremment; le premier empiétant toujours peu à peu sur le second, jusqu'au jour où l'arrêt du parlement qui

(1) Voyez les pièces y relatives; c'est sans contredit la partie la plus intéressante des documents que nous publions ici.

permettait aux chanoines de refuser à l'évêque le serment
de foi et hommage, vint y porter un nouveau coup (26
mai 1452). Il devait cependant y avoir une réaction ; on
comprend aisément que les évêques, élus par les chanoines
eux-mêmes, fussent dans leur dépendance et en quelque
sorte soumis à leur bon vouloir ; mais quand vint le concordat conclu par François 1ᵉʳ avec le pape Léon x, la si-
tuation changea singulièrement (1514); l'évêque, nommé
désormais par le roi et institué par le pape, retrouva sa
liberté d'action et se sentit affranchi du joug du chapitre.
Pourtant, en 1564, nos chanoines entreprirent encore quelque chose d'inoui : ils prétendirent refuser à l'évêque Jérôme
Burgensis toute autorité ou juridiction sur la cathédrale, lui
enlever le droit d'avoir un trône près du maître-autel, de
prêcher quand il le voudrait, de se faire précéder de ses
deux huissiers dans le cloître. Cette affaire eut un grand re-
tentissement, et fut portée au parlement qui trouva ces
prétentions exorbitantes ; aussi un arrêt fut-il rendu, or-
donnant le maintien de tous ces privilèges en faveur de l'é-
vêque et lui donnant de plus le droit de présider le chapitre dans le cas où il jugerait sa présence utile ou conve-
nable (15 février).

Voici, du reste, le dispositif même de l'arrêt........ (La
cour) « accorde à l'évêque de Châlons un trône distingué
» près de l'autel comme celui de l'évêque de Paris ; lui
» permet de faire prêcher dans sa cathédrale par qui il vou-
» dra, après toutefois le service divin ; l'autorise, quand
» le bien commun de l'église, le service du roi ou autres
» matières importantes et qui concerneraient le public lui
» paraîtraient l'exiger et qu'il aurait à remontrer ou délibérer
» quelque chose, à aller au chapitre, y seoir, présider,
» prendre et recueillir les opinions, et y conclure ; réservé
» au chapitre de s'assembler particulièrement pour ses af-
» faires personnelles. »

Ce fut la fin de ces malheureux démêlés ; les chanoines
durent se soumettre devant la volonté du roi et perdre une
grande partie de l'autorité qu'ils avaient su conquérir.
Néanmoins ils conservèrent le droit de faire prêter à l'évêque le serment de conserver leurs franchises, et dans un
synode tenu par Jérôme Burgensis, le 22 août 1564, celui-

3

ci reconnut solennellement qu'il ne pouvait rien entreprendre sans l'avis du chapitre (1), mais en se réservant
aussi la faculté de se contenter des conseils de deux ou trois
chanoines à son choix.

Le Vidame.

Les vidames connus dans la Septimanie dès l'an 828,
étaient originairement des officiers qui représentaient les
évêques. Ils rendaient la justice, conduisaient les vassaux
de l'évêché à la guerre ; en un mot, ils étaient chargés
d'exercer la seigneurie temporelle pour le compte du prélat. On les nommait vidames, *vice-domini*, parce que l'évêque était appelé lui-même le *domnus, dominus*, le seigneur
par excellence.

On trouve, du reste, une très grande analogie entre le rôle
des vidames, en présence des évêques et celui des vicomtes
dans l'origine en présence des comtes ; comme eux, ils
changèrent leurs charges en fiefs, et de simples officiers de-
vinrent vassaux de leurs évêques ; mais cela n'eut pas lieu
dans tous les siéges de France : on ne connaît que peu de
vidamies après celles de Reims, d'Amiens, du Mans,
de Chartres, de Laon, de Tulle, de Gerberon.

A Châlons, le vidame tenait le premier rang à la cour
épiscopale, y remplissait généralement les fonctions de chancelier et entretenait de ses deniers l'exécuteur des hautes-œu-
vres : à l'installation de l'évêque, celui-ci lui donnait son
anneau, comme présent de joyeux avénement. Du reste,
nos vidames se montrèrent pendant quelque temps très
jaloux de leurs prérogatives : ils avaient reçu des évêques
une portion assez considérable de l'évêché à condition de la
tenir en fief direct ; mais je n'ai pu retrouver à quelle époque précise ce nouveau démembrement avait été opéré.
Cette part de seigneurie se trouve détaillée dans ce passage
de la déclaration du temporel de l'évêché de Châlons,
fournie au roi, le 12 mars 1385, par Archambaud de
Lautrec.

(1) Volumus (*dit le procès-verbal*) etiam in cæteris capitulo nostro nostræ
cathedralis ecclesiæ jus suum auctoritatemque conservari : nihil enim inconsulto eo aut saltem duobus vel tribus ex canonicis quos nos idoneos erigeri-
mus, si id causæ gravitas requirat, inconsultis agere.

« *Item*, s'ensuivent les fiefs et arrières-fiefs qui sont tenus dudit évêque à cause dudit évêché et comté-pairie ; » *primo* noble homme, messire Jehan, vidame de Châlons et sire de Bazoches tient en foi et hommage dudit évêque ce qui s'en suit :

Premièrement, une maison séant à Chaalons, assez près de la maison dudit évêque, que l'on dit la maison du vidame, comme elle se comporte devant et derrière.

Item, de tous les exploits de justice faits par les prévôt, argentier, clercs de la Loge et autres officiers de Chaalons de la temporalité, de toutes morte-mains, de formariages des hommes et des femmes de corps, des godalles, des saillies, des puits, des travaux à chevaux faits nouveaux en la rivière, des tonneux, des veels, et des fenêtres, ouvraulx sur le chemin, des espaces de toute la prévôté de Sarry.

Item, prend ledit vidame pour cause de la loge dou prévôt de Chaalons au jour de la Saint-Jean, xv livres tournois.

Item, prend ledit vidame, chacun an, à Noël sur les officiers dudit évêque, ix flèches de lard.

Item, prend, chacun an, sur la verge du prévôt de Sarry au jour de la Saint-Jehan, xi sols tournois.

Item, chacun an, pour la foire Saint-Menge, acrois et descrois, iii sols.

Item, un estal au marchié, dessous le pillory, qui peut valoir par an xx sols environ.

Item, un tonneu de pot de ferre, qui peut valoir, par an, acrois et descrois, xv sols.

Item, le tonneu de sel, qui peut valoir xxx sols ou environ.

Item, sur le pré, dit le Pré-le-Vidame, séant devant le Jard, contenant environ xiii faulchées.

Item, sur la chevalière que tient Memmie Regnauld de Cueille, chacun an, xxx sols.

Item, la bouteillerie du marchié qui peut valoir par an, acrois et descrois, v muids et demi de grains, sur lesquels prend, chacun an, le chapitre un muid et demi, tiers seigle, tiers froment et tiers avoine.

Item, les hommes et femmes de corps dudit vidame

taillables haut et bas , de morte-mains et de for-mariage , demeurant à Chaalons et ès villes environ, avec la seigneurie d'iceux justiciers ; vaut par an la taille d'iceux xii sols.

Item , le bois et la garenne que on dit la Bardolle , contenant environ xx arpents.

Item , un grand bassin qui contient environ un septier de vin à la mesure de Chaalons , lequel ledit vidame peut, chacun jour, prendre plein de raisin ès vignes environ , de Chaalons, depuis que on peut trouver raisins à vignes jusques à tant que les vignes sont vendangées. »

Les archives de la préfecture, fonds de l'évêché, renferment l'original du dénombrement rendu à l'évêque le 1er juin 1581 , par Guillaume Feret, chanoine de Reims, au nom et comme tuteur de Madeleine Feret et de Remi Feret, enfants mineurs de Jehan Feret, écuyer, et de Crespine de Jardins, en son vivant vidamesse de Châlons. C'est un cahier in folio assez volumineux et dont voici un court extrait :

Le vidame tient en plein fief de l'évêque : *primo*, la maison du vidame , sise en la Grande-Rue, près le palais épiscopal et au-devant de la porte du cloître Saint-Etienne : « en laquelle maison nous pouvons et devons tenir exercice » de notre jurisdiction féodale de tous les fiefs et arrièrefiefs du vidamé. »

Item , les droits énumérés au 5e alinéa du précédent dénombrement.

Item , avait le droit jadis le vidame de percevoir, par an, 2 sur les six flèches de lard dues à l'évêque par le fermier du tonneu de bourgeoisie, 100 sols sur la denrée du pain ; desquels deux droits il n'a plus que 30 sols tournois, par an , à la saint Jean-Baptiste.

Item , 2 deniers sur chaque homme de corps des censives de Sarry.

Item , 8 livres 15 sols, par an, sur le fief de l'évêque à Heuvy.

Item, 15 livres à chaque installation de prévôt.

Item, une flèche de lard sur les 7 dues par le fermier des censives de Sarry , au lendemain de Noël.

Item , 40 sols sur la verge du prévôt de Sarry.

Item, 2 flèches de lard sur les 4 dues par le fermier des prévôtés de Sarry et Saint-Germain-la-Ville.

Item, 5 sols sur la foire de Saint-Menge.

Item, les neuf derniers alinéas du précédent dénombrement, sauf le droit de bassin tombé en désuétude.

Item, 2 deniers sur les morte-mains, for-mariage, franchises, manumissions, dons d'argent, etc., sur les hommes et femmes de corps de l'évêque à Châlons, sur la rivière de Moivre et en la montagne d'Oger, sauf à Songy.

Item, sur les terrages de la rivière de Moivre, les Ormes et Coupéville, 13 septiers de seigle.

« *Item*, toutesfois que vidame ou vidamesse reprend dudit révérend père qu'il le doibt ressaisir par le bail de son annel, lequel annel est encore dû au vidame ou vidamesse toutes fois qu'il y a nouvel évêque. »

« *Item*, nous avons seigneurie audit Chaalons. »

Item, le vidame renonce à ses droits sur les amendes et profits quelconques qui peuvent échoir à l'évêché.

Item, suivent les noms des terres tenues en plein fief du vidamé :

La seigneurie de Mathougues avec les fiefs de Bournonville et des moulins ;

La seigneurie de Songy ;

La seigneurie de la Chapelle-sur-Cosle ;

Les seigneuries de Marson d'amont et de Marson d'aval ;

La seigneurie de Recy et le fief dit Pré-Hochet ;

La seigneurie de Poix et les dixmes dudit lieu.

La seigneurie de Boujacourt avec les fiefs d'Olisy, de Nogent, du Chemin, de la Manaye, de la Queue-du-Serpent ;

La seigneurie d'Escury-le-Chétif ;

Le seigneurie d'Escury-le-Petit ;

Le fief de Champigneulles ;

Le fief de de la Chevalerie, à Cernay-lès-Reims ;

Le fief de la Vouleye, à Coupéville ;

Un fief à Vésigneul ;

La seigneurie de Saint-Mard-les-Rouffy ;

Le fief de Melette ;

Deux fiefs à Saint-Germain-la-Ville ;

Un fief à Saint-Gibrien ;

Le fief du Pré-le-Comte, à Aigny-sur-Marne ;

La seigneurie de Ville-en-Tardenois ;

Les fiefs du Miroir et du Crachet, à Juvigny ;

La seigneurie de Chambrecy ;

La seigneurie de Dampierre ;

Le fief du Maroyer, à Cernay-lès-Reims ;

Le fief de Songnes à Buisseuil ;

Le fief de Verily, à Juvigny ;

La seigneurie de Vraux ;

La seigneurie de Fleury-sur-Marne ;

La seigneurie de Savigny-sur-Ardre ;

Le fief Guillaume de Vaux, au même lieu ;

La seigneurie de Bézannes ;

La seigneurie de Courtagnon ;

Le fief du moulin Macabre, à Francheville ;

Le fief du Pré-à-l'Agnel, à Vraux ;

Le fief des Petits-Terrages, à Dampierre-sur-Moivre ;

Le fief de la Bardolle ;

Plus, quarante-deux petits fiefs composés de pièces de terre ou de pré, et sans désignation particulière. »

Comme on le voit, la position de notre vidame était brillante et lui permettait de chercher à lutter contre son évêque : la plus grande partie de ces biens sont désignés dans le dernier inventaire des titres du vidamé comme en dépendant dès le xive siècle, d'où l'on peut conclure aisément que presque tous lui furent attribués à l'époque même de sa création. Au xiie siècle on voit d'abord le vidame en lutte avec l'abbé de Saint-Pierre-aux-Monts et ne céder qu'après une longue résistance, en reconnaissant qu'il n'avait sur le monastère aucuns droits, pas même celui de gîte (1142). Peu après, c'est à l'évêque lui-même qu'il s'adresse, voulant lui enlever toute suprématie sur les foires de Châlons : il n'abandonna ses prétentions qu'après de longues hésitations, et moyennant une somme de 325 livres qui lui fut comptée par l'évêque en présence du chapitre solennellement réuni à cet effet (1).

(1) Voici la copie de cette charte :

« Ego Hugo decanus totumque Cathalaunensis ecclesie capitulum ad eliminandum oblivionem et omnimodam malignandi occasionem, notum fieri volumus tam futuris quam presentibus quod cum a vicedomini Cathalaunen-

En 1325, de nouveaux démêlés éclatèrent entre l'évêché et le vidamé, et donnèrent lieu à un long accord qui décida de tous les cas soumis à l'arbitrage de Baudoin de Clacy, vidame de Laon, de Guy de Chaumuer, archidiacre de Joinville, de Jean de Auvillers, bailli de Châlons, et de René de Courtisols, avocat. D'après cette pièce, les droits du vidame se trouvèrent quelque peu restreints : on lui enleva ceux qu'il percevait sur les estallages de Saint-Memmie, tout en lui conservant ceux sur les exploits de la mairie du ban de ce village : on lui enleva l'autorité qu'il prétendait exercer sur les boulangers de Châlons, en l'attribuant exclusivement au prévôt; mais on lui reconnut, comme pour Saint-Memmie, ses droits sur les exploits des prévôtés de Châlons et de Sarry. « 6° Derechief disons » que lidit messire li evesque paiera et est tenus à paier les » gaiges de son prevost de Chaalons toutes fois que il bail- » lera la prevosté en garde, et aussi le louaige de la Loge » et les gaiges des clercs de la loge et se il la baille à ferme, il » ne sera de rien chargiers de gaiger lesdicts prevost et clercs, » ne dou louaige de la loge et n'en paiera rien messire li » evesque ne li vidasme, mais paiera li prevost fermier. » On ne reconnut au vidame ni le pouvoir de faire prêter serment entre ses mains aux clercs de la loge, ni celui de prélever des émoluments sur le sceau du bailli. Il réclamait de plus 15 livres tournois à chaque nomination de

sis super foresto et stallis carnificum et foragiis et mensuris vini querela mota multotum fuisset adversus episcopos Cathalaunenses, et non terminata. Tandem, Hugone vicedomino temporibus nostris adversus Gerardum episcopum Cathalaunensem eamdem querelam iterùm suscitante, gratia spiritus sancti, qui spirat ubi vult, quum vult et quomodo vult, eundem Hugonem vicedominum consilio prudentum virorum qui de pace inter ipsos faciendà diligenter et efficaciter tractaverunt, fecit acquiescere et antiquæ litis quæ multorum erat causa malorum, obediante compositione, fenus debitum et indissolubile apponere. Idem etenim Hugo vicedominus in capitulo nostro coram fratribus nostris ibidem advocatis, laude et assensu conjugis suæ Hawidi et filiæ suæ Eustachiæ heredumque suorum qui assensus suos coram nobis expresserunt, pro ccc ac xxv libris a predicto Girardo episcopo Cathalaunense pro bono pacis sibi datis, querelam prelibatam eidem Girardo et omnibus futuris episcopis Cathalaunensibus pro se, suisque futuris heredibus penitus quitavit et quod de cetero super eadem querela lis nulla suscitaretur fidem interposuit. Quod ut ratum et inconcussum permaneat, has litteras sigillo nostro muniri jussimus : actum anno incarnationis Domini Mᵒ, CCᵒ IVᵉ. »

prévôt à Châlons, et les arbitres répondirent : « Disons que
» li dit vidame n'aura, chacun an, que xv livres tournois à
» la Nativité de Saint-Jehan-Baptiste ou aultres jours pour
» l'entrée li prevost, soit vies soit nouveau, soient un ou
» plusieurs, institué en lais, en garde ou à ferme. » On lui
reconnut droit au tiers des 200 livres de censives perçues à
Sarry. Ensuite l'évêque exposant à son tour ce qu'il a à re-
procher au vidame, dit, en première ligne, que ce dernier
possédant un pré voisin de l'Ile, le faisait depuis peu garder par vieux varlets « garnis despèces, arcons, flèches et
bastons, » bien au-delà du temps de la récolte et qu'ils
courraient sur les bourgeois qui passaient dans un sentier
concédé de tout temps à l'évêque à travers ce pré, les mal-
traitant et les envoyant au prévôt du vidame « pour li dit
» meffaist amender.» Les arbitres défendirent au vidame d'en
agir ainsi à l'avenir et de laisser ses varlets au-delà du temps
nécessaire à l'enlèvement du foin. L'évêque se plaignit encore de ce que Bardole, le garde des biens du vidamé «por-
« tait boucles en escharpe, flèches en arcons tout à décou-
» vert en alant, passant et demorant en la ville de Chaa-
» lons. » Les arbitres jugèrent également en faveur du prélat, et Bardole n'eut plus le droit de se montrer ainsi qu'en
se rendant de l'hôtel du vidame hors la ville ou récipro-
quement. Depuis on ne voit plus de contestations s'élever
entre l'évêché et le vidamé.

Mais il ne faut pas croire que nos vidames aient été
uniquement occupés de ces petites querelles de juridiction :
ce furent, pour la plupart, des seigneurs distingués et des
guerriers intrépides.

Jean 1er fut tué à la bataille de Courtrai, en 1502 ; Hugues iv de Conflans servit d'abord dans l'armée de Flandres
où le roi Philippe-le-Bel l'avait appelé par lettres données
à Poissy, le mardi avant la Pentecôte 13.. « Mandons que
» lui et ses sugiés chacun selon son état et condition fust à
» Ouchies au jeudi devant la prochaine feste de la Nativité
» de St-Jean-Baptiste, en chevaux et en armes pour aler
» de là outre avec Sa Majesté ès parties de Flandres. » Hugues se distingua dès le début de la campagne, et vint se
faire tuer avec deux de ses fils au siége d'Aubenton ;
« à la porte eut grand assaut et forte escarmouche : là fist le

» le vidame de Châlons merveilles d'armes, et trois de ses
» fils chevaliers y firent plusieurs expertises d'armes. Puis
» on se combattit asprement à ceux qui estoient arrêtés
» devant le Monstiers. Là furent bons chevaliers, le vidame
» de Chaalons et ses deux fils, qui à la parfin y furent
» morts (1). »

Jean II, son troisième fils, fut un des députés de la noblesse de Champagne aux états tenus à Paris en 1557; il devint un des conseillers les plus dévoués du dauphin et fut massacré en sa présence par ordre du prévôt Marcel.

Au xvI^e siècle on voit le titre de vidame porté par Philippe de Thomassin, qui se distingua d'une façon éclatante au siège du château de Pringy, en 1587. Il fut remplacé, en 1608, par le comte de Gesvres qui vendit le vidamé à Pierre Guillaume, contrôleur général des gabelles en Champagne, qui prétendit jouir de tous les privilèges attachés à cette charge. L'évêque de Châlons s'y opposa et le fit exclure des assemblées de ville par sentence des requêtes du palais, du 10 février 1655, puis un arrêt du parlement, du 50 mai 1655, vint déclarer Pierre Guillaume, roturier, ne pouvant prendre le titre d'écuyer et ne pouvant non plus prétendre à aucune seigneurie sur Châlons et n'ayant le droit que de s'intituler lui et ses successeurs seigneur du vidamé de Châlons (2).

Ce fut la fin de l'existence de cette brillante charge de vidame. Après Guillaume on ne touve plus que des noms obscurs : du reste, le seigneur du vidamé n'était plus chancelier de l'évêque; il ne pouvait plus exiger l'investiture par

(1) Froissard, 1er livre, chap. 45 et 46.
(2) Liste des vidames de Châlons (celle donnée par Buirette renferme plusieurs oublis et de nombreuses inexactitudes) :
1. EUSTACHE Ier DE CHATILLON était vidame en 1084 et 1126 seigneur de Matougues.
2. GODDE, sa fille unique, épouse Hugues Ier de BAZOCHES.
3. EUSTACHE II DE BAZOCHES, 1161.
4. HUGUES II DE BAZOCHES, 1185, m. 1231 : épouse Hawide de Chatillon.
5. GUERMOND ou BERMOND DE BAZOCHES, 1152.
6. HUGUES III DE BAZOCHES, 1255; il fit bâtir l'hôtel du vidamé, vers 1266, malgré l'évêque, qui fut débouté de ses plaintes par un arbitrage ordonné par le roi (1267). Il épouse Marguerite de Milly, et meurt en 1279.

5*

l'anneau, il ne jouissait plus que de la perception de certains revenus, censives, rentes, etc., sous l'hommage de l'évêque ; les fragments des archives du vidamé qui existent encore renferment la mention du droit assez bizarre que le vidame pouvait exercer sur l'abbaye de Toussaints, c'est

7. JEAN Ier DE BAZOCHES, tué à la bataille de Courtray, en 1302 ; il avait épousé N.... de Bazoches.

8. HUGUES IV DE BAZOCHES, seigneur de Conflans, Vauserée, Colonges, etc., marié à Alix de Baillen. Il fut tué au siége d'Aubenton, en 1340.

9. JEAN II DE BAZOCHES, tué aux États de Paris, en 1357 ; il avait épousé Jeanne de Pommolin.

10. JEAN III DE BAZOCHES n'ayant pas d'enfants de Béatrix de Roye, il vendit son vidamé, pour 1,850 livres, à Gaucher de Chatillon, le 2 mai 1395 ; puis revint sur ce contrat, et le passa pour 50 livres de plus au duc Louis d'Orléans (10 juin suivant).

11. LOUIS, duc d'Orléans, meurt en 1403.

12. PHILIPPE D'ORLÉANS, comte de Vertus, son deuxième fils, meurt sans enfants, en 1426 ; il avait vendu, le 29 mai 1412, le vidamé à Jean de Prosnes, pour 4,550 livres.

13. JEAN DE PROSNES, 1413.

14. ISABELLE DE PROSNES, sa fille unique, épouse Jean des Armoises. Étant devenue veuve, elle vend pour 2,500 livres le vidamé à Nicolas Rollin (21 octobre 1444).

15. NICOLAS ROLLIN, chancelier de Bourgogne, vend le vidamé, par ordre du roi, à Claude Tognel, 1,310 écus d'or (21 octobre 1465).

16. CLAUDE TOGNEL, seigneur d'Epense, qui avait épousé Marie de Bazoches : elle fait hériter sa sœur du vidamé.

17. CLAUDETTE DE BAZOCHES, dame de Poissy, présente son dénombrement le 18 novembre 1505.

18. JACQUES LE FOLMARIE, 1522.

19. N. DE MONTLAURENT, figure comme vidame en 1569.

20. CRESPINE DE JARDINS, vidamesse, mariée à Jean Feret, écuyer, morte avant 1581.

21. RÉNÉ FERET, écuyer, rend hommage pour les trois quarts du vidamé en 1581.

Madeleine FERET, sa sœur, rend en même temps hommage pour un quart.

22. PHILIPPE DE THOMASSIN, gouverneur de Châlons, gentilhomme de la chambre du roi, capitaine de 50 hommes d'armes, seigneur de Braux-Sainte-Cohière, etc., 1585, mort en 1608.

23. RÉNÉ POTHIER, comte de Gesvres et de Tresmes, gouverneur de Châlons, etc., 1613.

PIERRE GUILLAUME, contrôleur général des gabelles en Champagne, déclaré simple seigneur du vidamé de Châlons, par arrêt du parlement du 30 mai 1635.

La liste donnée par Buirette de Verrières mentionne un *Gautier de Biserne* qui ne fut jamais vidame de Châlons et *Miles*, un des plus intrépides chevaliers de son temps, mais qui n'était que frère du vidame Hugues II.

celui de se faire fournir six miches de pain, 1/2 pièce de viande chaque jour gras qu'il réside à Châlons, et chaque jour maigre, quatre œufs : pendant le carème, chaque jour, six miches et deux harengs et en tout temps deux pintes du vin que buvaient les religieux (1). Deux autres pièces nous apprennent, l'une qu'en prenant possession de sa charge le vidame instituait un concierge et le bourreau (2) ; l'autre, que l'évêque à chaque vente du vidamé percevait le cinquième du prix (5).

Monnaie de l'Évêque (4).

« Charles-le-Chauve, sur la demande de l'évêque Erchenraüs et de la reine Yrmentrude, accorda à ce prélat le droit d'avoir un atelier monétaire. Cette concession est une des plus importantes que l'on connaisse à cause de sa date et des détails qu'elle donne : en effet, elle est de 865 et par conséquent d'une année postérieure à l'édit des Pistes, aux prescriptions duquel elle renvoie. En 877, Wilbert, successeur d'Erchenraüs obtint la confirmation de la donation faite à ce dernier, donation qui est encore mentionnée dans une bulle du pape Pascal II, datée du 8 des calendes de juin 1108.

» Ces documents sont fort importants, car ils tendent à établir que les monnaies carlovingiennes, frappées à Châlons-sur-Marne avec le monogramme de Charles-le-Chauve, sont purement épiscopales ; il est à remarquer que le nom de ce roi seul se retrouve sur ces deniers, probablement parce que les successeurs d'Erchenraüs conservèrent le même type primitif jusqu'à ce qu'ils inscrivirent leur propre nom, ce qui ne semble être arrivé que dans le commencement du XIIIe siècle. La monnaie épiscopale de Châlons était

(1) Sentence du bailli de Vermandois, du 16 décembre 1435.

(2) Prise de possession du vidamé par Pierre Cheval, au nom du duc d'Orléans, 6 juillet 1395.

(5) Quittance de l'évêque pour 507 livres perçues sur le prix de vente faite par Isabelle de Prosne à Nicolas Rollin, en 1444.

(4) J'extrais ce chapitre en entier du *Manuel de Numismatique moderne* que vient de publier cette année, mon frère, M. Anatole de Barthélemy, ancien élève de l'école des chartes et membre de la Société des Antiquaires de France, page 123 ; 1 vol. in-12, chez Roret, 12, rue Hautefeuille, Paris.

fort estimée , car , en 1151 , nous voyons qu'Albéron de Chiny, évêque de Verdun, reconnaissant que sa propre monnaie était tellement altérée que l'on n'en voulait plus dans le commerce, ordonna que, pendant quinze années, on ne se servit à Verdun que de monnaies châlonnaises. En 1185 , les religieux de Saint-Michel en Thiérache, monastère situé à plus de trente lieues de Châlons-sur-Marne , assujétissaient les habitants d'un hameau qu'ils fondaient , à ne se servir que d'espèces Châlonnaises. Nous voyons encore une mention de ces dernières dans le cartulaire de Laon , en 1290. *Item, onze parisis sur la vigne Waties Chardon devers Bacq. Item , deux Chaalon et une maille Chaalon sur la maison Gilon le boucher.* Nous pensons utile de mentionner ici quelques textes qui se rapportent à la monnaie épiscopale de Châlons. Longtemps avant que le nom des prélats y soit signalé ; 1116 , donation faite à l'abbaye de Cheminon par Eudes, doyen de Compiègne , et les chanoines de Saint-Corneille : *xj solidos Cathalaunensis bone monete et probate* ; 1136 , confirmation par l'évêque Geoffroi de donations faites à l'abbaye de Trois-Fontaines par Pierre, abbé de Cluny : *sex solidos Cathalaunensis monete* ; 1123, confirmation par Raoul , archevêque de Reims, des possessions de l'abbaye de Saint-Denis de Reims : *xxij libras Cathalaunensis monete.*» A ces citations, j'en joindrai quelques-unes que 'ai recueillis moi-même : 1110 , le cardinal d'Albane, légat du pape, en consacrant l'abbaye de Cheminon, la mit sous la juridiction du Saint-Siége, à charge de payer à l'église de Saint-Jean de Latran un cens annuel de dix sols, monnaie de Châlons ; — 1146 , la dixme d'Ecury est laissée à l'abbaye de Huiron, à charge par ce monastère de payer au chantre de la cathédrale de Châlons, 15 sols , monnaie de Châlons : 1128, accord entre l'abbé de St-Michel-sur-Meuse et l'abbesse de Joinville, par lequel cette dernière devra un cens : *xx libros Catalaunensis monete.*— « La monnaie épiscopale de Châlons paraît avoir cessé d'être fabriquée à la fin du xiii᷎ ou au commencement du xiv᷎ siècle ; on ne connaît positivement que des monnaies portant les noms des évêques Guillaume ii et Geoffroi ii. »

Arts et métiers.

Les corporations des arts et métiers après avoir été sous la juridiction spéciale du sénéchal, tout en demeurant justiciables du bailli de l'évêché, se trouvèrent absolument sous ses ordres, quand le sénéchalat eut disparu, au commencement du xive siècle.

Le cartulaire de l'évêché conservé à l'hôtel de ville renferme des détails éminemment curieux sur cette matière, et nous allons les rapporter ici, aussi brièvement que possible, nous réservant d'en faire l'objet d'une étude spéciale.

Les corporations des arts et métiers étaient divisées à Châlons sous six bannières, dites de l'évêché. La première, dite de *la Selle*, voyait se ranger sous ses couleurs les selliers, les peintres et les verriers, les fourbisseurs et les armuriers, les chapeliers, les aumussiers et les bonnetiers, les loriniers, les gainiers, les bourreliers et brodeurs ; la bannière des *Febvriers* comptait les orfèvres, les serruriers, les potiers en étain, les maréchaux, les taillandiers, les bosseliers, les aiguilleurs, les cloutiers, les quincailliers ; la troisième conduisait les parmentiers et les couturiers, les fripiers, les courte-pointiers, les pelletiers et les bouvriers ; la quatrième était la bannière des cordonniers ; la cinquième, celle des tisserands et des drapiers ; et la sixième, celle des boulangers et des pâtissiers. Tous ces artisans étaient tenus d'être munis d'armes, afin de répondre à l'appel de l'évêque ou de son bailli et « le secourir de toute force ou violence. » Chacune de ses bannières avait des maîtres nommés par l'évêque, et tous les ans les compagnons élisaient en outre deux maîtres jurés qui surveillaient la corporation et exerçaient la police sous l'autorité du bailli ; mais quelques-uns de ces métiers avaient une organisation particulière.

Les maîtres cordonniers payaient à l'évêque une rente de 45 livres en quatre termes, et s'assemblaient chaque année le samedi après la Saint-Louis, à sept heures du matin, dans la halle aux draps, pour élire deux maîtres et deux échevins ; ces officiers prêtaient serment entre les mains du prévôt et lui devaient un droit de 20 sols. Ils se trouvaient exempts de droits de thonneux, et percevaient sur les cuirs vendus au ban de l'évêque les cens suivants :

Pour un cuir de vache ou de bœuf, 1 obole ;

—— de cheval ou d'âne, 1 *id.;*

Pour une douzaine de basannes,   4 deniers ;

——   de cordouans,   4 deniers ;

——   de peaux de mouton, 4 *id.*

L'évêque Gilles de Luxembourg régularisa leur organisation par lettres du 10 décembre 1510.

Une charte de l'évêque Gui de Joinville règle celle des ouvriers en métaux, en 1188 ; ils étaient obligés de travailler gratuitement aux réparations du palais épiscopal ; en cas de refus, le bailli leur adressait deux sommations, et pouvait ensuite user de la force.

Les tisserands de toiles et de draps devaient à l'évêque 25 livres ; ils s'assemblaient le jour de la Sainte-Croix, en septembre, à la place aux Chétifs, pour élire deux maîtres-jurés, qui prêtaient serment à l'argentier ; ils étaient exempts des grands thonneux, du guet des Brandons et du forage pour les vins qu'ils débitaient ; une ordonnance du bailli régularisa leur organisation, le 5 février 1511.

Parmi les autres corporations, les estallagiers payaient à l'évêque un cens de 12 sols ; les maçons, 25 sols ; les torcheurs, 16 sols ; les selliers, 20 sols ; les charpentiers, 52 sols ; ces derniers avaient le privilége, ainsi que les maçons, d'être toujours consultés quand il s'agissait de relever ou de consolider une maison du ban épiscopal et des lisses Notre-Dame, Saint-Etienne et de l'Hôtel-Dieu, afin de juger s'il n'y avait pas de dommage pour les droits de l'évêque, et recevaient pour cela 12 deniers, « mais pas plus. »

Tous devaient un chef-d'œuvre : les selliers, une selle garnie ; les peintres et les verriers, ce qui leur était commandé ; les fourbisseurs, un harnais et une arme fourbie ; les armuriers, une épée ou un braquemart ; les chapeliers, un chapeau blanc ; les bonnetiers, un bonnet blanc, double et en fine laine ; les loriniers, un mors, ou une paire d'éperons et d'étriers ; les gainiers, un fourreau de dague ou de couteau ; les bourreliers, une selle ; plus une somme de 10 sols avec chaque chef-d'œuvre.

Quand un maître ouvrier s'établissait, son permis lui coûtait 5 sols ; quand c'était un fils de maître qui s'établissait, il ne devait qu'une petite pièce au lieu d'un chef-d'œuvre, et 5 sols seulement au lieu de 10.

Les boulangers et pâtissiers étaient dirigés par un maitre juré , qui avait la haute main sur eux : ils avaient certains règlements particuliers; celui qui voulait s'établir dans le ban devait payer 5 sols au prévôt de l'évêché, et 30 sols à la confrairie. Un fils de maître devait travailler en présence du maître juré, et payait 5 sols au prévôt, et 10 sols à la confrairie. L'apprenti était soumis à payer une fois seulement 5 sols à la confrairie. Les jours de la Nativité de N.-S.-J.-C. , des Rois, de Pâques, de l'Ascension, de la Pentecôte, de la Trinité, de la Fête-Dieu, de l'Assomption, de la Toussaints et de l'ascension de saint Antoine, les boulangers ne pouvaient travailler sans permission spéciale de l'évêque, sous peine de 10 sols d'amende. Dans l'origine, il n'était permis de cuire que dans les grands fours communs de la ville; mais en 1474, l'évêque Geoffroy autorisa l'établissement de petits fours, à condition que les boulangers et pâtissiers lui paieraient 20 deniers à la S¹-Jean-Baptiste, et ne prendraient leur bois que dans la forêt de l'évêque.

Une ordonnance du bailli, du 7 octobre 1421, institue la confrérie des cinq métiers, parmentiers et couturiers, pelletiers, boursiers et gantiers, courte-pointiers, fripiers, et mit à leur tête Jehan Pariset, comme maître, avec le droit de percevoir par compagnon 2 deniers le jour de Carême prenant, et la surveillance sur les deux maîtres établis dans chacun de ces cinq métiers.

Les meuniers, ciriers et tonneliers étaient régis par une ordonnance du 4 janvier 1508. Celle des rouyers, du 1ᵉʳ mars 1510, renferme de curieux passages : ils avaient deux maîtres qui choisissaient un doyen. Un fils de maître pour s'établir faisait une roue et payait 10 sols ; un compagnon devait 17 sols 6 deniers, et 5 sols de plus s'il prenait des ouvriers. « *Item*, se uncq compagnon dudit » métier se marie, il sera tenu faire semondre lesdits » maîtres dudit mestier pour luy faire honneur en ses nopces » et leur bailler le jour desdites nopces à disner cinq plats » de viandes et 5 sols tournois. » Si c'est un maître il paie 5 sols de taxe pour sa femme, et 2 à la naissance de chaque enfant. Dans tous les cas où ces paiements étaient refusés, le bailli faisait saisir les outils de l'ouvrier et jugeait ensuite.

64

Droits perçus sur les denrées vendues au ban de l'évêque de Châlons.

Ce chapitre paraîtra bien aride, mais nous le croyons utile cependant et le considérons comme très curieux pour l'histoire de l'industrie et du commerce au moyen âge. Tous ces détails sont encore extraits du cartulaire conservé à l'hôtel de ville. Ces droits étaient tous donnés à ferme par l'évêque; ils constituaient la ferme du domaine mobilier et se vendaient la veille de la St-Jean, dans le palais épiscopal, à deux heures de l'après-midi, en présence de l'évêque, de son bailli, du lieutenant du bailli et des autres officiers; l'argentier présidait l'opération, et devait ce jour-là un repas aux officiers et aux fermiers, plus un plat de poisson et un demi-muid de vin à l'évêque; pour son bénéfice, il percevait 12 deniers par livre sur le revenu des fermiers. Le vidame prélevait 2 deniers sur 9 dans ces revenus. Le domaine mobilier était divisé en fermes ou thonneux:

1. Le thonneu des bêtes vivantes, loué avant les guerres des Anglais 2 livres (1), en 1464, 5 sols.
Pour chaque cheval amené et vendu au ban épiscopal, 4 deniers.
— une jument, 2 deniers.
— un bœuf, 1 denier.
— une vache, un porc, une brebis, un mouton, une chèvre, 1 obole chaque.
— la douzaine de moutons, 2 deniers.
— un cent de moutons, 16 deniers.
— — de porcs, 15 deniers.

2. Thonneu du grand travers.
Le grand travers commençait huit jours avant la Toussaints. et finissait huit jours après la Saint-Antoine, recommençait du jour des brandons à la veille de Notre-Dame de mars, à minuit, et de l'Ascension à la veille de la Madeleine. Pendant ces trois époques:
Un char passant dans le ban épiscopal et dans la seigneurie hors des murs, devait 4 sols;
Une charrette, 2 sols;
Un cheval chargé, 12 deniers;
Une brouette, 6 deniers;

(1) Ce sont ces mots que nous exprimons dans les pages suivantes par les seules lettres: Av.

Un homme chargé, 2 deniers ;

Un char de mules, 8 deniers ; une charrette , 4 deniers.

Un char de vin, 16 deniers ;

Une charrette de vins , 8 deniers.

Et aucun marchand forain ne pouvait vendre ses marchandises en ville pendant les mêmes périodes.

3. Thonneu des petits travers.

Les petits travers duraient de huit jours après la Saint-Antoine aux brandons, de la Notre-Dame de mars à l'Ascension, et de la Madeleine à huit jours avant la Toussaints. Pendant ce temps, le fermier percevait la moitié des droits perçus pendant le temps des grands travers.

4. Ferme de la denrée du pain. Av. 20 liv.; en 1464, 18 liv.

Chaque boulanger du ban épiscopal devait un denier par fournée, et un obole par demi-fournée qu'il cuisait. Les boulangers forains qui cuisaient dans le ban ou ceux du ban qui cuisaient en dehors étaient soumis aux mêmes droits ; seul, le fournier du chapitre était exempt comme franc serviteur.

5. Thonneu des graisses, loué en 1464, 60 livres.

Le fermier percevait par cens de suif vendu dans le ban, 2 den.

  —— par demi-cent, 1 obole ;

  —— par cent d'oing, 2 deniers ;

  —— par tonne d'huile, 2 deniers ;

  —— par cent de cire, 4 deniers ;

  —— par quarteron, 1 denier ;

  —— par queue de miel, 12 deniers :

  —— par cent de fromages, 2 deniers ;

  —— par quarteron, 1 obole ; au-dessous on ne payait pas ;

  —— par mille de harengs, 2 deniers ;

  —— par cent , 1 obole ;

  —— par corbeille de poissons de mer, 4 den. ;

  —— par corbeille de poissons salés, 2 deniers ; les poissons frais et les harengs frais ne payaient pas ;

  —— par cent de maquereaux , 4 deniers ;

  —— par douzaine de saumons, 2 deniers ;

  —— pour un seul, 1 obole.

Un char de pommes et poires de bois, 1 denier ;

— d'aulx et d'ognons, 4 deniers ;

— d'échalottes, 1 denier.

Chaque marchand de Châlons payait chaque samedi pour son estal au marché, 1 denier ; s'ils étaient plusieurs au même estal , ils payaient chacun un denier ; les forains devaient un denier pour chaque fois qu'ils venaient.

6. Thonneu du chanvre et de fil.

Par cent de chanvre, le fermier percevait 10 deniers;
— d'étoupes, 4 deniers.

7. Thonneu de la friperie, 25 sols.

Le fermier touchait par robe fourrée, surcot fourré, pelisse, chaperon fourré, 1 denier chaque; 1 obole seule si ces objets n'étaient pas fourrés.
Pour un lit, 1 denier;
— un coussin, 1 obole;
— une douzaine de vieilles chemises, 2 deniers;
— une seule, 1 obole;
— une douzaine de chausses, 2 deniers;
— une paire seule, 1 obole.

Les fripiers, les pourpoigneurs et les tapissiers payaient le samedi une obole pour leur estal au marché, et 2 deniers le même jour pendant la foire Saint-Memmie, qui durait de la veille de la Saint-Jacques aux vêpres de la Saint-Memmie.

8. Thonneu du fer et de l'acier, loués av. 6¹ 10ˢ, en 1464, 8ˢ.

Le fermier percevait par char amenant du fer, 4 deniers;
—— par charrette, 2 deniers;
—— par 50 billettes d'acier, 1 denier;
—— par cent de plomb, 1 obole;
—— — d'étain, 2 deniers;
—— — de cuivre, 4 deniers;
—— — de pots de cuivre, 4 deniers;
—— par douzaine de bassins à barbe, 4 deniers.

9. Thonneu des toiles, av. 6¹ 10ˢ, en 1464, 5ˢ.

On devait par pièce vendue à Châlons, 1 obole;
— par douzaine de toiles, 2 deniers;
— — de serviettes, 2 deniers.

10. Thonneu de la bourre, av. 20ˢ.

Le fermier, deux fois par an, l'une de la Saint-Martin à Noël, et l'autre pendant le mois de mai, avait le droit d'entrer dans toutes les maisons du ban, et de prendre une poignée de bourre, « tant qu'il en peult prendre en une main. »

11. Thonneu des draps, dit Hallage, av. 95 liv; en 1464, 26 liv.

Chaque marchand de drap paye 46 sols 8 deniers par an;
— chaussetier, paye 13 sols.

12. Thonneu du sel. Av. 15 sols; en 1464, 10 deniers.

Chaque marchand venant vendre du sel à Châlons, au ban épiscopal, devait au fermier 4 deniers par muid;
Par char vendu à marchand forain, 4 deniers;
Par charrette, 2 deniers, quelque quantité qui s'y trouve contenue.

13. Thonneu du sac le maréchal ou sac à charbon, loué en 1464, 18 livres.

Un char de charbon vendu au ban, ou seulement le traversant payait 3 sols 6 deniers.

Une charrette, 22 deniers 1 obole. Et ce droit était payé à chaque voyage.

Les charretiers devaient en outre chacun, une fois par an, donner au fermier une corbeille de charbon.

14. Thonneu des chardons. Av. 10 sols ; en 1464, 10 deniers.

Le fermier percevait une obole par millier.

15. Thonneu de la Grande-Rue. Av. 4 liv. 15 s., en 1464, 20 sols.

Le fermier avait 2 deniers par douzaine d'agneaux, etc.

16. Ferme de la Doyenné, en 1464, 10 livres.

Le fermier prenait par charriot de blé, mené hors de Châlons. 2 deniers ;

——— par char de pain, 4 deniers ;

——— par charrette, 2 deniers ;

——— par char de vin chargé hors de l'Estaple, 4 deniers ; si le vin était chargé dans la Grande-Rue, la moitié du droit était au fermier de la doyenné, et l'autre moitié à celui de la chevalerie.

——— par char de briques, mortier, perches, etc., 1 denier ;

——— par char de foin, 1 denier.

Chaque estal du marché où l'on vendait futaille payait une obole le samedi.

Chaque mégissier payait 2 deniers pour la foire St-Memmie.

Chaque marchand de blé, fruits, etc., 2 den., au même temps.

Pendant cette foire, un char de blé amené devait 4 deniers ; tout bourgeois achetant du blé pour lui payait 1 obole par septier, ou de l'avoine, 1 obole pour huit muids ; le marchand qui achetait du blé pour emporter, 1 obole par septier.

Le fermier percevait 4 deniers par char de vin déchargé sur bateau de la Marne, 2 deniers par charrette, 1 denier pour une queue.

17. Ferme de la Séperie, en 1464, 20 livres.

Le fermier prenait par char de bois à brûler arrivant, 2 bûches, et une par charrette ;

——— par cent de planches, 4 deniers ;

——— par char contenant 13 pièces de menuiserie, 1 pièce ;

——— par char chargé de bois blanc, 1 pièce sur 13.

——— par char de bois de charpente, 4 deniers ;

——— par douzaine de corbeilles, une corbeille ;

——— par panier de fromage, 1 denier ;

——— par charrette de beurre, 2 deniers.

18. Ferme de la Chevalerie. Av. 25 liv., en 1464, 5 sols.

Le fermier avait par char de vin qui se chargeait dans la Grande-Rue, la moitié du droit de 4 deniers perçus par le fermier de la doyenné, et de 2 deniers par charrette. De plus, il avait la moitié de la ferme de la doyenné pendant la foire de Saint-Memmie. A la mi-carême, chaque habitant, nobles ou non nobles, des villages de Cuperly, Aigny et Bouy, lui devait un boisseau d'avoine, et chacun de ceux de Vadenay, Dampierre-au-Temple et Saint-Hilaire-au-Temple, 1 obole.

19. La porte et le thourage de l'hôtel épiscopal.

Le fermier était franc et quitte de toutes les tailles, corvées et du guet ; il portait le titre de *thourier*, et prélevait 2 deniers dû par prisonnier entrant dans la prison de l'évêque. Si le prisonnier était fait pour le compte du roi, le thourier avait 5 sols pour l'entrée et une nuit, et s'il demeurait davantage, 28 deniers, plus 1 denier et 1 obole par jour pour le lit, et 2 deniers pour la nourriture. Le thourier avait la charge d'ouvrir et fermer la porte de l'hôtel, et était responsable des prisonniers.

Celui qui se trouvait détenu pour dettes lui payait par jour 6 deniers, et 2 pour le lit.

20. Ferme de la Bourgeoisie ou des grands Thonneux, louée avant les guerres 500 livres ; en 1464, 52 livres.

Le fermier levait chaque année, à la Saint-Martin d'hiver, 5 s. sur chaque bourgeois et habitant de Châlons au ban épiscopal. Étaient exempts et francs de cette imposition, du minage et du forage :

Les nobles,

Les clercs,

Les compagnons de la bannière de la Selle ;

Les charpentiers, menuisiers, tonneliers, rouyers, artilliers, constructeurs de bateaux, tailleurs d'images, tourneurs, scieurs de long, arsonniers, ceux qui font les bas et les formes de souliers, les maçons, torcheurs, couvreurs, changeurs ;

Les serruriers, potiers d'étain, orfèvres, cloutiers, esguilleurs, bosseliers, bourreliers et ceux qui taillent le fer :

Les compagnons du marteau ;

Les tisserands ;

Les sept échevins de la ville ;

Le principal fermier de la Séperie. } pendant la durée de leur
Le fermier de la franchise d'Orisy. }   bail ;

Le fermier des censives de Sarry, dit chevages d'hommes et de femmes de corps, pendant les deux premières années seulement de son bail ;

Les femmes veuves ;

Les jeunes filles ;

Les varlets de la mairie ;

Les pauvres qui n'ont *pas de lit* ;
Les hommes de corps du vidame ;
Les hommes de corps des censives de Sarry ;
Ceux qui demeurent dans la franchise d'Orizy ;
Les sept francs sergents du chapitre ;
Les cinq francs serviteurs du même.

21. Journées des charpentiers.
Le fermier avait par an une journée de travail ou le prix en argent des charpentiers, menuisiers, tonneliers, constructeurs de bateaux, tourneurs, panneliers, scieurs de long, tailleurs d'images et palmiers travaillant dans le ban, même quand ils n'y demeuraient pas.

22. Ferme des petits-thonneux. Av. 75 liv.; en 1464, 15 liv.
Le fermier prélevait, du lendemain de la Circoncision à Pâques, 14 deniers sur tous ceux qui payaient les grands thonneux, pour droit de *mangiers* ; et du lendemain de Pâques à la St-Jean-Baptiste, 12 deniers sur chaque homme du ban pour droit de *moutons*.
Les hommes de corps de l'évêque à Châlons et à Sarry en étaient exempts.

23. Corvées des chevaux. Av. 20 liv.; en 1454, 4 liv.
Le fermier avait la jouissance d'une journée de travail par cheval du ban ou 20 deniers ; ceux qui avaient chevaux travaillant dans le ban, bien que n'y demeurant pas, y étaient soumis. L'abbé de Toussaints en était franc ; mais devait, le lendemain de Noël, au fermier, six miches de pain, un jambon et un pot de vin.

24. Les grands vinages.
Chaque quartier de vigne des côtes Mahaut et Beaumont devait 4 septiers de vin à la Saint-Remy.
Chaque quartier de terres arables, aux mêmes lieux, 15 deniers.

25. Ferme des estallages.
Le fermier prenait 8 deniers par marchand ayant estallages devant sa maison. Et du vendredi à none jusqu'au samedi soir, sur le marché :
6 deniers pour les cordonniers ayant estallages ;
8 *id.* par charrette ;
1 denier par brouette ;
1 *id.* par hotte ;
1 *id.* par sac ;
1 obole par panier.

26. Ferme des faucilles.
Chaque marchand de faucilles en devait une par an au fermier, et ce dernier en donnait également une par an au maire de Saint-Memmie.

27. Ferme des moulins à draps. Av. 300 liv.; en 1464, 80 liv.

On ne pouvait faire fouler les draps que dans les deux moulins de l'évêque, sous peine de 60 sols d'amende, et l'on payait dans ceux-ci 2 sols 6 deniers par pièce de trente aunes, et 1 denier par aune.

28. Ferme de la verge de l'estaple. Av. 85 liv.; en 1484, rien.

Le fermier est chargé seul de verger et jauger les vins vendus à l'estaple, qui ne pouvait se tenir qu'au ban épiscopal. Il percevait par chaque pièce 1^d sur l'acheteur et 1 sur le vendeur. Si la pièce qu'il a jaugée se trouve plus petite que de raison, le fermier la confisquait au profit de l'évêque.

29. Rouage de l'estaple. Av. 10 liv. 10 sols; en 1464, 4 livres.

Tout marchand de vin sur l'estaple devait 4^d par char et 2 par charrette. Si les pièces y demeuraient la nuit, il devait de plus 4^d par queue, et 1 par caque, pour droit de garde. Dans ce cas, le fermier était responsable des pièces perdues ou volées.

30. Étaux de la grande boucherie. Av. 160 liv.; en 1462, 60 liv.

L'évêque avait toute la grande boucherie : chaque étal loué pour trois ans, et payant 70 sols par an. Un seul devait 55 s. par an à l'hôpital Saint-Jacques, auquel il était attaché, et pareille somme au chapelain de la chapelle Sainte-Madeleine, fondée dans l'hôtel épiscopal.

31. Forages de Châlons. Av. 240 liv.; en 1464, 50 liv.

Le fermier avait 2 septiers par vaisseau de vin vendu au ban, et contenant plus de 16 septiers, ou la valeur en argent.

32. Les grands minages, loués pour 140 muids de froment.

Cette ferme se vendait pour trois ans, à raison de 70 septiers de froment par an : mais l'argentier était obligé de payer 80 septiers de froment au chapitre, 16 de froment et seigle au chapelain de Saint-Jacques.

Il y avait huit places au marché pour la vente des grains, toutes soumises, du vendredi au samedi, à un cens de 2 vaisselets par septier de froment, seigle ou orge, et 4 par septier d'avoine ; elles formaient 16 moitiés, dont 6 au fermier de l'évêque, 8 aux fermiers du vidame et du bouteiller, une au commandeur de La Neuville-au-Temple, une aux nobles Quentin le Folmarié et Nicolas Cuissotte de Gizaucourt (1500).

33. Franchise d'Orizy. Av. 10 liv.; en 1464, 6 livres.

La franchise d'Orizy commençait à la maison du sieur Michel, sise dans le ban, à Châlons, au coin de la rue de la Juiverie, continuait le long de la Grande-Rue jusqu'à la maison de la Masure, du même côté, puis recommençait à la porte de la Trinité jusqu'à la ruelle Martault, près du pont Ruppé.

Le fermier levait sur chaque habitant de ces maisons demi-minage sur tous les blés qu'ils vendaient, et demi-forage sur les vins.

Château de Sarry.

Le château de Sarry, résidence de plaisance des évêques de Châlons, était à la fin du siècle dernier une magnifique habitation entourée de vastes jardins dessinés par Lenôtre. Dès le xiie siècle, l'évêque avait un prévôt à Sarry (1): en 1316, on trouve un rôle des personnes tenues de contribuer aux fortifications et au curage des fossés de Sarry et la présence d'un capitaine pour l'évêque. Pendant la guerre des Anglais et des Bourguignons, le château de Sarry joua un grand rôle dans l'histoire du pays et ne servit pas toujours de défense à Châlons. En 1426, le roi d'Angleterre en ordonna la démolition, qui ne fut pas exécutée, car des lettres de Charles vii chargèrent Jean de Versailles, écuyer et capitaine de Châlons, de garder Sarry et de n'y laisser entrer personne « de crainte qu'il ne demeura » pas le plus fort en icelle place » (12 décembre 1438).

Charles vii, pendant son séjour dans notre ville, logea au château (1445), et quinze ans plus tard, l'évêque Geoffroi de Saint-Géran le rebâtit presque entièrement: il fut depuis réparé et augmenté par les évêques de Vialart (1670) et de Clermont-Tonnerre (1780). On le démolit à la révolution de 1789.

II.
CHAPITRE SAINT-ÉTIENNE.
—

Organisation.

La composition du chapitre varia à diverses époques : dès le xiie siècle il comptait huit dignitaires et quarante chanoines (1115) ; plus tard il s'éleva à soixante chanoines et autant de chapelains : les dignitaires étaient le doyen, les quatre archidiacres de Châlons, de Vertus, d'Esternay et de Perthes, le trésorier, le grand-chantre et le sous-chantre : en 1377, le trésorier Hue de Roche fonda les deux vicairies perpétuelles : en 1699 on y voit trente-neuf chanoines, deux vicaires perpétuels et soixante chapelains : enfin, en 1789 il était réduit à vingt-huit chanoines, deux

(1) Dans une charte des Templiers de la commanderie de La Neuville, on voit figurer parmi les témoins *Radulphus prepositus de Sarreio* (1133).

quart-prébendés , deux vicaires perpétuels et trois prêtres habitués.

Lors de la suppression de la dignité de prévôt vers 1065, on divisa les quatre prébendes en huit demies qui furent attribuées à autant d'enfants de chœur dont deux eurent voix au chapitre.

Le chapitre nommait le doyen , le grand-chantre et le sous-chantre sur la présentation du grand-chantre : tous les chanoines avaient un certain nombre de prébendes à l'exception des archidiacres et du trésorier qui , nommés par l'évêque, se trouvaient ses officiers et non pas ceux du chapitre.

Le chapitre de Saint-Étienne était soumis à une discipline sévère , ses membres n'avaient sous l'épiscopat de Guillaume de Champeaux que quinze jours de vacances par an , et quand ils s'absentaient sans permission , ils devaient être frappés de verges : *dum redierint debeant verberari* (1). En 1246 , Eudes de Chateauroux , légat du pape , donna au chapitre , sur la demande de Geoffroi II , une nouvelle réforme où l'on voit entre autres articles : défense de causer dans les stalles ou de passer entre l'autel et le chœur *comme dans une rue*, sous peine d'amende , — privation de la rétribution aux chanoines qui n'arriveraient à la messe qu'après l'épître ; — quand ils disaient des injures à quelques-uns de leurs frères, ils en étaient également privés jusqu'à ce qu'ils eussent fait des excuses ; — défense de nommer des chanoines ou des clercs à des cures sans examen, comme on le faisait en prétendant qu'ils étaient censés examinés parce qu'ils étaient du chœur. — A ces époques reculées, le régime intérieur du cloître n'était pas très doux , car on voit l'évêque Guillaume II du Perche donner du pain aux chanoines qui assistaient à la grande messe pendant l'Avent et le Carême, en nommant un officier préposé à la surveillance de cette distribution (1224) ; l'année suivante , il établit une rente de cinquante livres à prendre sur les moulins de Chartres dont il était seigneur, pour leur fournir du vin pendant le même laps de temps. En 1380 , quand nos chanoines quittèrent la vie

(1) Bulle du pape Alexandre III, datée de Sens, 24 avril 1162.

commune, les prébendes durent être partagées et chaque chanoine en eut une ou plusieurs avec une part de pain de distribution quotidienne quand ils assistaient aux offices, et la nomination de quelques cures : en 1424, une prébende fut affectée à la nourriture et à l'entretien de six nouveaux enfants de chœur.

Jusqu'en 1580 les chanoines avaient porté un costume des plus sévères avec l'aumusse noire ; ils y introduisirent de notables changements lors de leur sécularisation. Leurs aumusses étaient faites en peaux d'écureuil ; prétentendant, en 1589, que les guerres de la Catalogne d'où se tiraient ces fourrures en rendaient l'acquisition coûteuse et difficile, ils en prirent de grises et se mirent à les porter sur les bras au lieu de les jeter sur l'épaule comme auparavant (1). En même temps ils substituèrent le bonnet à quatre cornes à l'espèce de mitre dont ils se servaient, et adoptèrent la robe noire à la place de la blanche : le doyen et le grand-chantre la conservèrent seuls en rouge, et les autres dignitaires en violet : ils quittèrent aussi le surplis pour le rochet, et portèrent par-dessus une chape noire, doublée en rouge ou en violet, selon le rang du chanoine, traînant jusqu'à terre, avec le capuchon en pointe pour l'hiver.

Chaque évêque, ai-je déjà dit, devait au chapitre, lors de son installation, une chape de drap d'or de la valeur de cent écus, comme don de joyeux avénement. Les chanoines, à leur nomination, devaient une somme de 100 sols (2) ; en 1591 ils durent offrir, en outre, une chape de la valeur de quinze livres dans les six premiers mois de leur réception (3). De plus l'usage était, de toute antiquité, que le dernier chanoine en tour fit une représentation de saint Jean l'évangéliste et de saint Étienne, et donnât ensuite un repas à tous ses confrères (4). Cette coutume subsista jus-

(1) Bulle du pape, du 14 juin 1589.
(2) Bulle du pape, 6 des ides de janvier 1257 :
« ...... Statuendum quòd quilibet canonicus teneatur vobis una vice
» centum solidos turonenses pro fabrica, nec non et exoneratione debitorum
» ipsius ecclesie exhibere. »
(3) Acte capitulaire de janvier 1591.
(4) On trouve dans les archives de la Préfecture, fonds du chapitre, un recueil d'extraits de 1517 à 1629 de délibérations capitulaires portant nomination des archidiacres et des chanoines en tour de représenter saint Jean et saint Étienne et de donner le festin accoutumé.

qu'au commencement du siècle dernier ; mais à cette époque le chapitre voulut la réformer comme abus. On rendit
à cet effet une délibération unanime qui en décida la suppression : « parce que ces festins ont insensiblement dégé-
» néré en festes prophanes et en dépenses excessives et rui-
neuses auxquelles serait à propos de mettre fin. » Et cette
sorte de tribut fut remplacé par un don fixe de six cents livres, savoir : quatre cents pour la fabrique de la cathédrale
et deux cents pour la réparation des églises des villages du
diocèse, « laquelle somme, dit le procès-verbal, sera mise
par ledit chanoine en tour sur le bureau de la salle capitulaire, le jour de saint Thomas apôtre.» (26 juillet 1749).
Le parlement se bâta d'homologuer cette sage détermination.

Parmi les diverses obligations des chanoines, nous
devons mentionner celles-ci :

Celui qui recevait les bénéfices d'une chapelle en l'é-
glise de Châlons, était tenu de se faire faire prêtre dans
l'année (4 août 1266).

Les jeunes chanoines ne pouvaient aller faire leurs études
dans des lieux éloignés, à moins de prêter serment de revenir à la première réquisition du doyen.

Les vicaires perpétuels étaient astreints à une résidence
réelle, les chapelains également, et étaient réputés démis-
sionnaires par le seul fait d'une absence de six mois.

Officiers du chapitre.

Le doyen, comme je l'ai déjà dit, était élu par le chapitre et nullement soumis à l'évêque : en 1471, Geoffroi III
de Saint-Géran voulut nommer Louis de Comborien, les
chanoines refusèrent de le reconnaître et choisirent Pierre
Cotelly. Le même fait se renouvela en 1575 : l'évêque voulut
imposer au chapitre Edmond de Laage, conseiller d'état,
mais ne put réussir.

Le doyen exerçait une entière suprématie sur le chapitre,
administrait les derniers sacrements à l'évêque, présidait à
ses funérailles ; il prêtait le serment suivant : (1) « Ego
» N..., decanus ecclesiæ Cathalaunensis juro quod servabo

(1) Ce serment se trouve dans un petit cahier manuscrit en papier du
xve siècle, ainsi que dans le cartulaire de l'évêché. (*Arch. de la Préfecture.*)

» jura decanatûs et supportabo onera decanatûs et ecclesiæ.
» Ita me adjuvet Deus et bœc sancta Dei evangelia (1). »

Le grand-chantre était le second dignitaire du chapitre :
un cahier en parchemin, in-quarto, de onze feuillets, en
écriture du xive siècle, et intitulé : « Sunt jura, redditus
» et proventus cantoris ecclesiæ Cathalaunensis, » présente

(1) Voici la liste des doyens du chapitre avec plusieurs noms que ne contient pas le *Gallia christiana* ; nous les indiquons avec des astériques.

* ISEMBARD, 1040.
ELBERT paraît dans une charte de 1060.
VARIN ou VARNIER, 1092, encore en 1109.
ODON DE PLOIASTRO, archidiacre, 1114, 1150.
ANSELME.
ANSCHER, 1133.
RAINIER, 1140.
ALARD, 1146.
RADALPE ou RAOUL, 1147, 1161.
* ROLLAND, 1163.
BOVON, 1165.
ROLLAND, 1170.
ROGER, 1174.
JACOB 1er, 1177, 1188.
HUGUES DE RAVEL, 1190.
ÉTIENNE 1er, de Saint-Memmie, P...., 1225, 1227.
* ÉTIENNE IIe, 1237.
P....., 1239, 1255.
GUILLAUME DE PARIS, 1261, 1272.
P..... DE SAINT-AMAND, 1277.
SIMON DE HANS, 1288-1299.

Après lui les auteurs du *Gallia christiana* reconnaissent une lacune de deux cents ans, pendant laquelle ils n'ont pu continuer la liste ; le chanoine Beschefer n'a pu citer que :
* ÉTIENNE PORSON.
* JEAN DE HERMONVILLE.
* ÉTIENNE DE PENERIIS.
* GAILLARD FROZENS 1335.

Puis nous avons retrouvé dans les chartes :
* PIERRE DE SOPPIA, 1444.
* PIERRE CLARE, 1452.
* PIERRE COTELLY, 1471.

JACOB DE LA VIELVILLE, 1484, 1495.
JACOB D'ALEBRET, abbé de Saint-Basle, 1505.
JEAN GODART, 1513.
GUILLAUME CRETIN, aumônier du roi, 1520.
CHARLES CUISSOTTE, seigneur de Bierges, m. 1545.
NICOLAS DE BUSSY.
CHARLES DE GODET, seigneur de Renneville, 1550.
N..... DE TOULT, mort en 1575.
JEAN CLÉMENT, élu en janv. 1575.
PIERRE DE BAR, 1587.
JEAN II CLÉMENT, 1593.
CLAUDE FRANÇOIS, 1606.
CLAUDE ADAM, élu en 1619, mort en 1658.
JEAN DOMANGIN, quitte en 1644.
NICOLAS CUISSOTTE DE GIZAUCOURT, mort en 1658.
CLAUDE PERRIN, archidiacre, 1663.
PIERRE DE BAR, 1687.
ANTOINE LAIGNEAU, grand archidiacre, abbé de Haute-Fontaine, quitte en 1704.
PIERRE CUISSOTTE DE GIZAUCOURT, mort en 1705.
CHARLES D'EU (des d'Eu de Vieux-Dampierre), élu le 5 mars 1705, mort en 1728.
PANAGE LEMAÎTRE DE PARADIS, abbé de Toussaints, élu en 1728, mort en 1768, mais avait quitté auparavant.
FRANÇOIS-MEMMIE HUCCART. 1755.
PIERRE-MAURICE SAGUEZ DE BREUVERY, 1768 à 1789.

de curieux renseignements sur la position du chantre. En voici un exact extrait :

» Le chantre est élu par le chapitre, lui prête serment et est installé sans avoir besoin d'aucune confirmation ;

» Il nomme le sous-chantre ;

» Il nomme le maître des écoles de chant de la ville : nul ne peut y venir professer le chant sans sa permission ;

» Il nomme à la cure de Pocancy ;

» Il a la police du chœur et en peut expulser ceux qui troublent les cérémonies ;

» Il installe dans le chœur tous les bénéficiers : « Omnes » illi qui sunt de choro, antëquàm aliquis intrat chorum, » oportet quòd ponantur in choro per dictum cantorem; et » adducit dictus cantor in choro omnes prœdictos per os- » tium juxtà altare sanctæ Crucis et facit eos inclinare primò » altare, postea à dextris, postea à sinistris, et preterea » reponit eos in loco subdiaconorum, in parte versùs os- » tium per quod intraverunt; et si locum habent in pa- » truis et clericis nondum beneficiatis, et si sint aliqui » tales clerici qui sint in sacris, ducuntur in loca subdia- » conorum ut dictum est : si diaconi, in altum juxtà diaco- » nos vicarios, inter eos et presbyteros capellanos; si au- » tem predicti clerici sint presbyteri, ponuntur juxtà, vi- » carios diaconos et presbyteros capellanos. »

» Il n'est nullement tenu de résider pourvu qu'il ait un suppléant ;

« Item, Cantor potest intrare ecclesiam in vestibus suis » laneis et quotidianis seu secularibus, et in ocreis et calca- » ribus; defendendo avem suam super sua manu. »

« Il n'a besoin que d'être de l'ordre des acolytes ;

» Il a les dixmes de Velye ;

» Il nomme à la chapelle de Notre-Dame de Nouvel-OEuvre, sise près le Puits-d'Amour ;

» Il nomme à la chapelle du Saint-Lait, sise entre Saint-Etienne et la Trinité ;

» Il a deux parts dans le t écens et le quart des dixmes de Pocancy ;

» Il a les dixmes et la basse justice du lieu dit *Territorium cantor.*

» Il a six deniers de cens et dix-huit de dixmes sur la maison de Jean de Blacy.

» *Ad ipsa dictus cantor tenetur per se vel per alium.* »

» Il doit à l'église de Pocancy, un cierge, une corde à cloche, de l'encens quand on en manque.

» A l'église de Velye « *Cooperturam aulæ ecclesiæ.* »

» Dix sols au chapitre le jour des Brandons.

» Il doit entonner à *Magnificat*, à la bénédiction et le *Te Deum*, à moins que l'évêque ne veuille entonner lui-même ;

» Il doit, à Noël, une messe et tenir le chœur; conduire la procession dans le chœur de l'église et entonner l'*Ave senior Stephane* ; une messe et tenir le chœur à la fête de saint Etienne, entonner l'*Ave rex noster* pendant l'adoration de la Croix le jour des Rameaux; une messe, tenir le chœur et conduire la procession si l'évêque est présent, à la Pentecôte ; assister aux synodes diocésains comme patron de la cure de Pocancy ; une messe, tenir le chœur et conduire la procession, si l'évêque est présent, à la fête de saint Vincent; conduire la procession dans le même cas, à la Purification de la Vierge ; une messe, tenir le chœur, et assister à vêpres aux fêtes de saint Alpin et de l'Invention de saint Etienne ; tenir le chœur, à l'Assomption ; une messe, tenir le chœur, être à vêpres et à la procession à la fête de la dédicace de l'Eglise; une messe et tenir le chœur à la Toussaints. Suit la liste de trente-six cens perçus sur divers par le chantre.» (1)

Une sentence du bailliage de Vermandois (31 mai 1398), déclare de nouveau que le grand-chantre installe seul tous les bénéficiers de la cathédrale et des cinq paroisses, Notre-Dame-en-Vaux, Saint-Eloi, Saint-Loup, Saint-Antoine et Sainte-Marguerite.

Le diocèse de Châlons renfermait quatre archidiaconés, de Châlons, de Vertus, d'Astenay, (depuis Sainte-Ménehould) et de Joinville (2) : ces dignitaires avaient peu d'in-

(1) *Archives de la Préfecture.*

(2) L'archidiaconé de Châlons renfermait 5 doyennés, 116 cures, 50 succursales, 7 abbayes ; celui de Joinville, 2 doyennés, 100 cures, 25 succursales et 5 abbayes; celui d'Esternay, 2 doyennés, 59 cures, 11 succursales, 3 abbayes ; celui de Vertus, 1 doyenné, 41 cures, 14 succursales et 4 abbayes.

fluence et se trouvaient complétement placés sous l'autorité de l'évêque qui les nommait : seulement ils avaient le casuel des cures vacantes dans leurs circonscriptions, jouissaient du droit de gîte dans les paroisses pour les visites qu'ils devaient faire chaque année ; chacun avait une cour de justice, présidée en son absence par un official, et où se passaient les actes de vente, de donation, les transactions, etc. Le grand-archidiacre remplaçait l'évêque absent. Dans notre diocèse le doyen du chapitre cédait le pas aux archidiacres, soit dans le chœur, soit dans les cérémonies publiques (1). Logés dans le cloître, ils n'y avaient aucune juridiction : l'archidiacre de Joinville déclare, par charte du 5 octobre 1597, n'avoir que *par grâce* l'exercice de la justice de son archidiaconé dans sa maison : des déclarations semblables existent pour les archidiacres de Vertus et d'Astenai, années 1398, 1405, 1415, 1455 et 1474. Le grand archidiacre (Châlons), avait le droit de se nommer un vicaire.

Le trésorier avait la haute direction du trésor, des dépenses relatives à la cathédrale et était chargé de la garde de l'église, de jour comme de nuit ; en mai 1217, il reçut une somme de cent sols de Provins pour instituer deux custodes de plus que les deux qui existaient déjà : il fournissait l'huile, le luminaire, la cire, les nattes et le charbon pour l'hiver ; gardait les reliques ; mais ne pouvait en refuser l'exhibition sur l'ordre de l'évêque. Les revenus de la trésorerie, outre le casuel des recettes diverses, comprenaient le droit de morte-mains et de for-mariage sur les hommes du chapitre en la terre du seigneur de Conflans, les dixmes de Saint-Memmie et de Jâlons, de la chapelle Sainte-Anne, à Heiltz-l'Evêque (16 juin 1450). D'après les comptes qui existent aux archives et qui furent fournis le 15 juin 1485, dans cette année les revenus s'étaient composés de :

Dixmes, casuel, recettes diverses....	277^l	17^s	7^d
Chavages des hom. et fem. de corps..	25	19	2 1 ob.
Mailles de la chrétienté.........	4	16	6
	308	12	4 1

(1) *Gallia christiana*, tome IX, page 902.

Et les dépenses :

Avant Pâques	Pour le trésor. . . .	81ˡ	13ˢ	6ᵈ
	Pour la cire	»	53	»
Après Pâques	Pour le trésor. . . .	45	2	6
	Pour la cire.	»	43	2
Dépenses particulières. . . .		101	»	2
		231	12	4

Le sous-chantre était, comme nous l'avons vu, choisi et institué par le grand-chantre ; il devait être chanoine prébendé de Saint-Étienne et le chapitre ne pouvait le refuser. Il prêtait au chapitre le serment de fidélité, de résider, d'assister aux offices et processions, de tenir les tables du chœur où était inscrit le clergé de semaine, etc. : et au grand-chantre, de *l'aimer,* de le respecter et de l'honorer. Il avait les dixmes de Saint-Amand et de Maizières.

La charge de l'official n'était pas une dignité capitulaire quoiqu'elle fut exercée par un chanoine ; il y eut jusqu'à cinq officialités dans le diocèse, pour l'évêque et les quatre archidiacres.

Cloître Saint-Étienne et Maisons canoniales.

Charles-le-Chauve céda au chapitre un espace assez vaste qui touchait de trois côtés aux terres de l'église et du quatrième à la voie publique et un autre à côté, en abandonnant tous les droits qu'il pouvait y avoir ; c'est là que fut élevé le cloître Saint-Étienne ; mais il paraît qu'il fut mal fermé, car, diverses chartes prouvent qu'il fut fréquemment envahi : en 1170, un seigneur nommé Roger Tokel, avec Guy, fils du sénéchal et quelques autres y attaquèrent le trésorier et ses clercs, et les battirent cruellement ; en 1210, les habitants révoltés contre le chapitre voulurent l'envahir ; une autre fois un homme fut tué à la porte même de la cathédrale ; dans d'autres circonstances des chanoines furent maltraités. L'évêque Pierre de Hans les autorisa alors à bâtir à neuf le cloître et leur céda plusieurs maisons pour leur permettre de l'agrandir et de le mieux fermer, *ad vitandum secularium tumultum,* dit la charte (1255), en leur reconnaissant pleine liberté au cloître. Saint-Louis confirma cette cession et la bulle du pape Alexandre IV, en 1257, ajouta qu'ils pouvaient l'entourer de murs.

Cependant une charte de janvier 1210, nous fait croire que dès cette époque le cloître était entouré : c'est un échange par lequel Adeline, dite Adinogne, veuve de Drouet dit Morternelle cède au chapitre « totale manerium » quod habebam situm infrà *allinitum* claustri Cathalau-» nensis, in ruellà per devers li Jart, juxtà domum ad Re-» ges portes », contre deux maisons du chapitre sises rue de Grève.

Le nouveau cloître s'éleva rapidement, entouré de fossés et fermé par trois portes (1257). Il occupait la portion de la ville qui touche à l'abside de la cathédrale, et joignait presque le rempart dans sa partie septentrionale ; de ses trois portes l'une ouvrait sur la rue de la Juiverie, l'autre sur la rue de Marne en face le petit portail ; et la troisième sur la place même de la cathédrale.

La liberté du chapitre dans son cloître était entière, absolue, aussi est-ce un des principaux griefs reprochés par le doyen à l'évêque Jean de Châteauvillain que d'en avoir violé l'entrée et d'y avoir rendu la justice ; on trouve dans l'accord de 1295 l'énumération de toutes les tentatives faites dans ce but : le prévôt de l'évêque avait enlevé à main armée l'échelle destinée à faire pendre un faussaire ; ses agents avaient pris de vive force un clerc et un laïc qui sortaient de la cathédrale ; une autre fois, un débiteur qui s'était réfugié dans le cloître de crainte de ses créanciers ; des sergents du prévôt avaient opéré des saisies dans la maison des francs servants du chapitre, etc. A dater de ce jour, la juridiction capitulaire fut bien établie et justice lui est rendue chaque fois qu'un excès de pouvoir était commis : un sergent du grand bailliage de Vermandois ayant un jour arrêté un coupable dans le ban de Saint-Étienne, le chapitre porta plainte au roi et obtint satisfaction (17 juillet 1355) ; le 24 mai 1390, Jean Sarrazin, sergent royal, rendit au chapitre Jean Disson, arrêté à tort dans le cloître ; une charte de l'évêque, du 4 mars 1394, annula une procédure faite par des officiers contre le nommé Malagrenne demeurant dans le cloître ; le 4 juin 1408, le scelleur de l'évêché s'excusa d'avoir donné une citation à la porte de la cathédrale et la déclara nulle.

Chaque chanoine avait sa maison dans le cloître ; cependant, vu leur nombre, quelques-uns se trouvent, dès le xiiie siècle, logés en dehors, mais restent également sous la juridiction capitulaire : plus tard et vu la pauvreté à laquelle les guerres des Anglais avaient réduit Châlons, le chapitre décida à l'unanimité qu'une taxe serait levée sur chaque maison canoniale dans le cloître ou en dehors et selon sa valeur (1). Lorsqu'un chanoine venait à mourir, sa maison était visitée par le chapitre et réparée, s'il y avait lieu, aux frais du défunt, puis elle était vendue par adjudication à un autre chanoine, et d'après une table qui fixait la mise à prix.

Les maisons canoniales étaient exemptes de logements militaires. Certains priviléges furent, en outre, attachés aux maisons habitées par les chanoines ; en 1215, l'évêque Gérard exempta ces derniers de payer le droit de minage pour les fruits et autres revenus de leurs prébendes qu'ils faisaient entrer dans leurs demeures de ville. En mars 1263, Conon leur fit remise de ses droits de forage pour le vin, les caves et autres voûtes des maisons canonicale ; enfin, le 25 juin 1376, l'évêque permit aux chanoines de faire tuer des animaux dans leur propre ban et de les faire transporter à la boucherie du cloître pour leur consommation.

Juridiction temporelle du chapitre.

Le chapitre était un des quatre seigneurs temporels de la ville de Châlons : il avait haute, moyenne et basse justice dans son cloître et à son ban. Ce ban, depuis la cession faite par Pierre de Hans, comprenait le cloître, la cathédrale, les maisons des chanoines et des prêtres en dehors du cloître, même dans les autres bans, celles des chanoines de la Trinité et de Notre-Dame, l'Hôtel-Dieu, l'église Notre-Dame-en-Vaux, les boutiques ou lisses, les places, maisons et bâtiments adjacents, la paroisse Saint-

(1) Arrêt capitulaire du 4 août 1369.

Loup, dite terre de Rougnon, ou ban des clercs (1). De plus il avait haute, moyenne et basse justice à Ambonnay (2), avec la vicomté (5), à Ablancourt (4), à Aulnay - l'Aitre (5), à Billy - le - Grand (6), à Billy-le-Petit (7), à Vaudemanges (8), à Blaise - sous - Arzillières (9), à Champagne (10), à Champigneulle (11), à Coupéville (12), à Dampierre-sur-Moivre (15), à Ecury-sur-Coole (14), à Francheville (15), à Jaalons (16),

(1) Acte de notoriété publique du 7 août 1500.

(2) Achat de la terre à Thibault Revelart, chevalier, pour 80 livres de Provins (1179).

(5) Achat de la vicomté à Ayrard de Nanteuil, pour 1,600 livres de petits tournois (septembre 1287).

(4) Vente de partie de la seigneurie par Thibaut *dit* Petit, pour 9 livres 8 sols forts (mai 1270); achat par le chapitre du moulin pour 12 livres 10 sols.

(5) Vente de la moitié du four, par Jean, gendre de Henry, fournier d'Aulnay (décembre 1301); vente de la seigneurie pour 50 florins d'or, par Collesson de Bressonnier, écuyer (avril 1349).

(6) Henry de Luzence (près Meaux), chevalier, donne au chapitre 1/5 de ce qu'il avait à Billy, et lui vend le reste pour 120 livres tournois; chaque feu devant au seigneur quatre quarterons d'avoine (mars 1254).

(7) Lettres royales déclarant que de toute ancienneté le chapitre était seigneur de Billy-le-Petit, et blame le sire de Grancey, seigneur de Louvois, d'avoir emprisonné le maire de Billy (19 novembre 1351.)

(8) Même pièce. — Les officiers de cette justice étaient ainsi payés au XVIe siècle : un juge à 40 livres, un lieutenant à 40 sols, un procureur fiscal à 20 livres, un greffier à 20 livres, procureurs de justice à 10 livres, huissiers à 10 livres.

(9) Achat à la demoiselle Bouret de partie de la justice et de la maison de Blaise, en décembre 1505.

(10) Achat de partie de la seigneurie à l'abbé d'Huiron, sauf les serfs, pour 17 livres, en 1190; achat d'une rente à Jean de Châtillon, seigneur de Dampierre, pour 644 liv. 15 sols 10 den., le 24 août 1330 : en tout 9/16 du fief.

(11) Achat de seigneurie en 1601, prouvant mairie et justice.

(12) Titres royaux du 7 juillet 1404, reconnaissant la seigneurie du chapitre : la mairie dépendante de celle de Saint-Amand.

(13) Actes de seigneurie de 1504.

(14) Titres royaux du 6 août 1406, reconnaissant la seigneurie du chapitre.

(15) Permission à noble Germain Gillet, seigneur de Sainte-Lignière, de construire un colombier dans sa maison de Francheville, moyennant une rente de 10 sols au chapitre (25 septembre 1621).

(16) Reconnaissance du roi, du 26 juin 1370.

à **Pogny** (1), à **Saint-Amand** (2), à **Sapignicourt** (5), à **Thibie** (4), à **Trépail** (5), à **Vésigneul** (6), et moitié de **Villotte** (7).

Le chapitre faisait administrer ses terres et la justice par des officiers de divers degrés; au-dessus de tous, le bailli qui résidait à Châlons, des maires et des échevins, des juges ou lieutenants de juges, des procureurs et des greffiers dans chacune des seigneuries que je viens d'énumérer, et des sergents à Châlons; la cour se composait du bailli, d'un lieutenant, d'un procureur fiscal, d'un substitut, d'un greffier, d'un procureur de justice et d'huissiers. De plus, il y avait pour la terre du Roguon, ou ban des clercs, un maire spécial avec sept échevins et des sergents.

Le bailli remplissait, pour le chapitre, les mêmes fonctions que pour l'évêché : il avait la haute direction des affaires.

Les maires existaient dans les vingt-et-une seigneuriesdu

(1) Concession de moulin faite en 1159 par le chapitre, seigneur de cette terre.

(2) Confirmation par l'évêque d'Albane, légat du pape, de la donation du comte Hugues de Champagne, en 1104 :

« In nomine sancte et individue Trinitatis, ego Henricus comes Trecarum. comitis Theobaldi filius. Notum fieri volumus tam presentibus quam futuris, quod cum **Guido de Possessa**, ecclesie beati Stephani Cathalaunensis pro dampnis eidem ecclesie illatis quidquid habet apud Sanctum Amandum tam in hominibus quam in banno et terris, tradidisset, et nobis precibus requisivit, ut quia de feodo nostro erat, nos quoque hanc ejus donationem concederemus. Itaque utilitati ecclesie et honeste ejus petitioni assentientes, tam pro remedio anime mee quam pro anima patris nostri, id quod postulabat concessimus; quod ut ratum et inconcussum permaneat, sigilli nostri impressione et eorum qui affuerunt legitima attestatione confirmamus, Signa Hugonis Trunc, Mathei de Fuschin, Bertranni.

Sceau : un cavalier armé de toutes pièces. ✝ *Sigillum Henrici Treceneis palatini comitis.*

Le comte Henri régna de 1152 à 1180.

En 1183, l'archevêque de Reims déclare que les comtes de Champagne n'ont pas droit de gîte à Saint-Amand, et que la comtesse Marie l'a exigé à tort.

(5) Charte de 1215 parlant de la seigneurie du chapitre.

(4) L'évêque Bozon (1153-1161), reconnaît n'avoir nul droit sur la seigneurie du chapitre : « Pro quâdam custurrica quam habere volebam in quar- » teriis ipsorum canonicorum qui ad Tibeium pertinent, scilicet falcem, » furcam, reaitiam, nos omnino guerpivimus. »

(5) Acte de 1372 reconnaissant le chapitre comme seigneur.

(6) Acte de 1524.

(7) Acte du 5 juillet 1472.

chapitre : ces offices se vendaient ou étaient donnés à ferme.

Dans chaque mairie étaient un certain nombre d'échevins, qui ne dépassait jamais cinq, quand la seigneurie était toute entière à l'église Saint-Étienne, et deux, quand elle ne lui appartenait qu'en partie, comme à Villotte par exemple. Partout il y avait une justice régulièrement organisée et composée du juge, du lieutenant, du procureur, quelquefois d'un substitut, et du greffier : le chapitre avait même des prisons à Pogny (1526), et à Saint-Amand. Un acte public déclare qu'à Trépail on avait acheté une grange pour servir à l'avenir d'auditoire à la justice.

Après ces fonctionnaires venaient les sergents qui, à Châlons, avaient une organisation particulière et jouissaient de grandes immunités.

Des lettres-patentes de Philippe-Auguste parlent des quatre francs-sergents du chapitre et ordonnent aux bourgeois de Châlons de leur payer une amende, pour avoir voulu les frapper d'une taxe (1); ils étaient, en effet, libres de toutes tailles et de toutes impositions. En 1210, on en comptait sept, un huitième leur fut adjoint, en 1224, pour surveiller la distribution de pain et de vin faite aux chanoines par l'évêque Guillaume du Perche. Enfin des lettres-patentes de Philippe de Valois confirmèrent des exemptions partielles pour sept sergents et une franchise complète pour les cinq derniers (décembre 1531), à savoir le fournier, l'huissier, le barbier et les deux portiers. Les bourgeois néanmoins ne voulurent pas reconnaitre cette liberté qui les froissait et se livrèrent peu après à des actes de violence envers eux : le roi dut intervenir et ordonner de nouveau aux Châlonnais de laisser ces sergents en paix en leur rendant tout ce leur avait été enlevé (27 avril 1570).

Le premier huissier avait pour charge d'assister à tous les offices et processions du chapitre, de se placer au premier siége bas dans le chœur devant l'archidiacre de Vertus, d'exécuter les commissions de justice, d'assister aux mises de scellés, de garder les prisonniers, etc. Les

(1) « De quatuor verò servientibus capituli de quibus idem capitulum
» quittantiam requirit...... propter prisias nostras nichil levetis, neque
» etiam de propriis eorumdem scutiferis qui sunt de propriis ipsorum fa-
» miliis.»

douze sergents avaient droit de porter leurs verges à la tête des processions (21 juillet 1496).

Enfin le chapitre avait ses mesures particulières pour les denrées que l'on vendait, et nommait un mesureur-anneleur spécial pour le bois à brûler débité dans le ban de Saint-Étienne.

Il avait un capitaine des chasses pour les forêts de Trépail, Ambonnay, etc., avec des gardes forestiers attachés à cette charge.

Les habitants du ban du chapitre devaient au doyen acte de foi et hommage le premier dimanche de Carême.

Les plaids judiciaires du chapitre se tenaient d'habitude dans le chœur de l'église Notre-Dame-en-Vaux, ainsi qu'on en voit l'explication dans l'accord de 1288.

Le chapitre était astreint comme seigneur temporel à payer un quart pour les travaux des fortifications. Du reste il était exempt de tout pouvoir séculier, des tailles et autres impositions: cette immunité lui attira de fréquents démêlés avec les bourgeois de Châlons qui, en plusieurs circonstances, et notamment en 1530, avaient voulu priver les chanoines de leurs franchises. Ces derniers essayèrent, même en 1547, de refuser le paiement d'une taxe de guerre imposée par le capitaine royal; mais cette fois ils s'étaient attaqués trop haut et durent céder. Ils se prétendaient exempts de l'obligation du guet et signèrent un acte, le 20 novembre 1437, par lequel ils consentent, sous toutes réserves, à le faire pendant un an seulement.

Juridiction ecclésiastique du chapitre.

Nous avons déjà indiqué la juridiction ecclésiastique du chapitre: nous n'avons besoin que d'ajouter quelques mots pour en compléter le détail. Il avait la haute direction des chanoines, prêtres et clercs attachés à l'église Saint-Étienne et de ceux de la Trinité, de Notre-Dame-en-Vaux, de Saint-Loup, de St-Éloi, de St-Antoine, de Sainte-Marguerite.

Anciennement il avait possédé les trois abbatioles de Saint-Étienne et de Sainte-Tanche, près d'Arcis-sur-Aube (869), de Saint-Sulpice, au faubourg de Marne (865). Cette dernière avait été la cause de longs conflits entre les chanoines et les seigneurs laïcs ; puis en 1099 une vive dispute éclata entre les religieux de Saint-Etienne et les moines de Toussaints au sujet du même monastère qui appartenait en réalité de tout temps aux premiers et que les autres prétendaient s'arroger, en arguant d'une possession de plus de trente ans : l'évêque dut intervenir, et tout en laissant St-Sulpice aux moines, il soumit leur abbé à une sorte de sujétion envers le chapitre, le forçant à faire le service des messes et d'assister aux vêpres des grandes fêtes à la cathédrale.

La collégiale de la Trinité, fondée en 1020 par Boves, prévôt de la cathédrale, sur une petite place près du cloître, était sous la juridiction immédiate du chapitre ; une bulle du pape Pascal II, le reconnaît solennellement en 1107 : les dix prébendes de ce chapitre étaient à la collation de celui de Saint-Etienne (1).

La collégiale Saint-Nicolas dépendait aussi du chapitre ; les chanoines de Saint-Etienne ayant fait démolir l'église qui était trop voisine de la cathédrale, ceux de St-Nicolas se plaignirent au pape, qui ordonna aux premiers de rebâtir cette église au lieu même où elle avait existé, et des commissaires furent envoyés à Châlons pour surveiller l'exécution des travaux (mai 1206) ; les chanoines de Saint-Etienne obtinrent un arrangement ; ils cédèrent à ceux de Saint-Nicolas les stalles qu'ils avaient le droit d'occuper à la Trinité, et les deux collégiales furent réunies.

La position de la collégiale de Notre-Dame-en-Vaux était la même ; le chapitre de la cathédrale nommait à ses dix canonicats, et aux deux autres prébendes attachées aux cures qui en dépendaient : une charte de Charles-le-Chauve, de mai 850, reconnaît cette suprématie, que vint ensuite confirmer le pape Lucien III, en mai 1181 ; les chanoines de Vaux cherchèrent bien à secouer le joug, mais inutilement : d'abord en 1114, mais ils n'obtinrent alors que le droit de conserver pour eux les aumônes et offrandes, et durent encore se charger des réparations de l'édifice, le chapitre n'étant tenu d'intervenir qu'en cas de ruine complète (2) :

(1) Le grand cartulaire contient la mention d'une donation faite par le roi, en 866, au monastère de la Trinité, dépendant du chapitre de Châlons (n° XIII). C'est sans doute à la place de ce monastère que Boves institua une collégiale.

(2) Bulle du X des calendes de juin 1114.

en 1187 ils obtinrent de l'archevêque de Reims la jouissance de leurs revenus, mais furent soumis à un trécens de
quatre livres et un cens de onze sous deux deniers envers le chapitre (1) ; les chanoines de Saint-Étienne furent
astreints à venir désormais à Notre-Dame aux quatre fêtes
de la Sainte-Vierge, et ceux de Notre-Dame à assister
aux processions capitulaires, aux fêtes de Saint-Étienne, de
Saint-Vincent, de Saint-Alpin et à la Dédicace. Le chapitre
de la cathédrale avait pleine juridiction sur les paroissiens
de Notre-Dame, et le clergé de cette église devait : « Obe-
» dientiam insuper, subjectionem et reverentiam decano
» et capitulo. » Le doyen avait droit de forcer les chanoines
de Notre-Dame à résider personnellement dans leur église
sous peine de saisie de leur temporel (2). Jusqu'à la fin
il exerça ses droits de visite et de suprématie. Le chapitre
St-Étienne nommait aux cures de St-Antoine, de St-Loup,
de Ste-Marguerite et de St-Éloy ; mais la juridiction spirituelle de l'évêque existait dans ces paroisses, il nommait en-
encore aux cures de Poguy, de St-Germain-la-Ville, St-
Mard-sur-le-Mont, St-Pierre-aux-Oies, de Sapignicourt,
Soudron, Thibie, Châtelraould, Chepy, Cauroy, Courté-
mont, Coupéville, Dampierre-au-Temple formant avec Notre-Dame les 14 cures reconnues par la bulle de Pascal II, en
1107 : Blesmes, Scrupt et Ponthion données par l'évêque
Barthélemi vers 1150 ; il était patron de la cure de Vitry-le-
François (1618).

A la collégiale de Notre-Dame de Vitry, on comptait
quinze chanoines, dont quatorze nommés par le roi et le
dernier par le chapitre de Châlons.

Enfin le chapitre exerçait un droit assez bizarre sur le
prieuré d'Oyselet, dépendance de l'abbaye d'Orbais : le
prieur devait offrir chaque année au doyen dix-sept septiers
de seigle et une épaule de sanglier (acte du 11 décembre
1484) : cette redevance subsista jusqu'au XVIIe siècle où
elle fut convertie en une rente ordinaire. Elle provenait de
la cession faite en 1147 par Raoul, doyen de l'église de
Châlons, de tous ses droits sur le village d'Oyselet en faveur de l'abbaye.

(1) « Trecensum autem quatuor librarum et censum XI^s II^d canonici
» sancte Marie canonicis sancti Stephani singulis annis perpetuò solvent. »
(2) Bulle du pape Alexandre IV, des nones de mars 1258.

88

Hôtel-Dieu.

L'origine de l'hôpital Saint-Étienne remonte au x° siècle ; mais la première mention certaine que nous en ayons, est la charte de l'évêque Gérard de Douay (1209), qui rapporte textuellement celle de Guillaume de Champeaux, de l'année 1121. Ce prélat lui attribue l'annate des prébendes vacantes et les anciens ornements de la cathédrale ; reconnaît son droit d'asile pour les criminels, et lui donne les autels du Mazères, de Saint-Veran, de Maisons, de Loisy, de *Cabreyo*, de Bussy, de *Champgin*, de Soudron et de Dampierre-sur-Moivre. Le chapitre avait la juridiction et la direction de cet hôpital, devait le faire visiter souvent, lui donner des aumônes, et deux des chanoines étaient chargés de son gouvernement. Un règlement fut arrêté par le chapitre, en avril 1261, pour « *hospitale nostrum*, dit l'acte, » *Cathalaunense, de bonis nostris totaliter funda-* » *tum.* » Il fixe le nombre de convers et des converses à vingt (1) ; celui des prébendes à cinq ; décide que les sœurs auront cinquante ans au plus et vingt-cinq au moins ; prononce une exclusion sans pardon pour ceux ou celles qui failliraient à leurs devoirs, et ordonne que les maîtres de l'hôpital rendraient un compte annuel au chapitre.

L'Hôtel-Dieu de Saint-Lazare, pour les lépreux, se trouvait sous la dépendance capitulaire dès son origine ; il avait pour gouverneur, un des chanoines (1469). Plus tard, quand cette léproserie fut transformée en collége (1566), les chanoines conservèrent leurs droits et eurent la haute main sur le choix des professeurs, mais ils cessèrent de l'exercer quand les jésuites y eurent été introduits (1615).

Usages anciens du chapitre.

Le chapitre Saint-Étienne, outre la représentation de saint Étienne et de saint Jean l'évangéliste dont nous avons parlé plus haut, avaient certains usages qui doivent trouver place dans cette histoire.

L'évêque d'abord devait le Jeudi-Saint réunir tous les chanoines, vicaires, chapelains, enfants de chœur et offi-

(1) Il fut augmenté par bulle du 8 des calendes de juin 1286.

ciers du chapitre, « et leur bailler à boire trois fois du bon
» vin blanc et vermeil, ce qui s'appelait le cens du grand
» jeudi; » le clergé fournissait les gâteaux; cet usage
continua jusqu'en 1789.

Les cérémonies de la semaine sainte avaient également un
caractère particulier : le mercredi l'évêque devait à l'heure
de tierces, dire les oraisons que l'on chante maintenant le
vendredi, puis sortir de la cathédrale avec tout le clergé et
n'y rentrer qu'à huit heures pour célébrer la messe; le jeudi
avant prime, il devait, avant le festin dont nous venons de
parler, aller processionnellement à Saint-Memmie, à Saint-
Pierre, à l'hôpital Saint-Jacques, à Toussaints, et revenir
à Saint-Étienne pour donner une absolution solennelle au
peuple. Le dimanche de la Passion, tout le clergé de Châlons se rendait en procession de la cathédrale à la place du
marché, en chantant des psaumes, et prenait place à un ban-
quet préparé au lieu de la station (1). L'évêque Jérôme
Burgensis abolit cette cérémonie en 1564 (2).

Au moyen âge on observait chaque année trois grandes
fêtes, qui tombèrent dans la suite. Le chapitre Saint-
Étienne célébrait la *fête des Fous,* où figuraient les chanoines. Cette fête avait lieu dans toute la France, entre Noël et
le jour des Rois, le plus souvent le 1er janvier; c'était un reste
des anciennes saturnales, et elle avait, dit-on, pour objet
d'honorer l'âne qui avait porté Jésus-Christ, lors de son entrée à Jérusalem. A Châlons, elle se pratiquait avec quelques
variantes le jour de la Saint-Étienne (26 décembre). On
dressait la veille un théâtre devant le grand portail de la
cathédrale, et le jour on y préparait un festin aux frais du
chapitre : quand tout était prêt, on allait en procession,
vers deux heures de l'après-midi, en la maison de la maî-
trise des fous, pour y prendre le roi, qui était un enfant
monté sur un âne, que l'on conduisait au son des cloches
et des instruments, *avec des bouffonneries très pompeuses,* jusqu'au théâtre. Là, il descendait de son âne, qui

(1) Dénombrement de l'évêque, rendu en 1464.

(2) Rituel de la cathédrale. Voici l'ordre observé par le clergé dans les
processions : l'évêque, les cordeliers, les dominicains, les trinitaires, les chapitres de Saint-Étienne, de Notre-Dame et de la Trinité, les religieux de
Toussaints et de Saint-Memmie; ceux de Saint-Pierre fermaient la marche.

était magnifiquement harnaché, et il était revêtu d'une chape, d'une mitre, de la croix pastorale, des gants, et on lui donnait la crosse épiscopale. Ainsi habillé, il montait sur le théâtre, s'asseyait à table avec ses officiers, et ils mangeaient et buvaient longuement : c'étaient en général les principaux chanoines qui composaient la maison de l'évêque des fous. Après le repas, ils allaient chanter vêpres avec beaucoup de précipitation, et quand elles étaient finies, deux chantres à l'aigle et le maître de musique battant la mesure, chantaient un motet spécial (1) ; puis on faisait une cavalcade devant et autour de l'église, et l'on revenait boire et manger sur le théâtre. Le bas clergé se divisait cette fois en trois bandes : la première restait aux environs de l'église et du théâtre ; la seconde se tenait dans la cathédrale, en chantant des paroles vides de sens avec des grimaces et des danses absurdes ; la troisième courait à travers le cloître et les rues adjacentes avec toutes sortes d'instruments, puis se jetait dans la ville, précédée par une troupe d'enfants portant des lanternes et des encensoirs. Arrivés au marché, ils jouaient à la paume (2), puis ils dansaient et montaient à cheval. Le peuple la reconduisait à la cathédrale, en exécutant un épouvantable charivari, pendant lequel on sonnait les cloches à toute volée (3).

Comme on peut le penser, les évêques cherchèrent à supprimer cette fête. En 1199, Eudes de Sully, évêque de Paris, la défendit dans son diocèse, et établit à la place l'office de la Circoncision. Les conciles de Paris (1212) et de Bâle (1435), les synodes de Langres (1404), de Rouen (1445)

(1) Voici les paroles de ce motet :

« Cantemus ad honorem, gloriam et laudem sancti Stephani sæpè multò validiùs, maximis clamoribus in istis diebus, ubi gaudium, lætitia et jubilatio prodeunt in conspectu omnium. Partem portionis ad bene manducandum capias sicut hic et unius quis... te sponte, vultis ex vobis bibere ac potare et repotare potiunculas quæ su... suavissimas, tum amici et bene nati conclamate et pulsate præconiis læ... quoniam festum nostrum celebramus, et nos volumus exultare cum sum... lætitiæ. Ergò igitur deridete, superate invicem sine lacrimis, et nunc et usquè in finem : amen. »

(2) « Advertantes simul forum ludunt ad palmam. »

(3) Anc. manuscrit de la cathédrale en velin, du XVIᵉ siè... cité par dom François, et ayant pour titre : « *Officium stultorum sive insanorum ad* » *usum insignis ecclesiæ Cathalaunensis.* »

et de Sens (1528), renouvelèrent ces défenses, et celui de Lyon, tenu en 1566, y mit heureusement une fin définitive. Le roi Charles VII, qui avait traversé Châlons en se rendant à Nancy, avait rendu une ordonnance dans le même but (1) (1445); pourtant la fête des fous subsista encore, et on voit que son extinction à Châlons est due à Cosme Clausse, après le concile provincial, tenu à Reims en 1583.

Le jour des Cendres avait lieu le convoi de Carême prenant : quatre hommes apportaient dans la cathédrale un brancard sur lequel reposait un grand mannequin en paille ; on le plaçait à l'endroit où se mettaient les catafalques, puis on célébrait une messe de *Requiem*, les prêtres officiants ayant l'étole au dos, la chasuble à l'envers et pliée en deux ; ils chantaient l'Épître, lisaient l'Évangile, et ne se retournaient pas aux *Dominus vobiscum*, six chantres chantaient alternativement, et se trouvaient, deux dans le chœur, deux au jubé, deux sous l'orgue. Les chanoines avaient tous la robe noire et un voile ; enfin, on n'allumait qu'un seul cierge au milieu du sanctuaire.

La veille de la nativité de saint Jean-Baptiste se célébrait la procession verte. Le chapitre, accompagné du clergé et du peuple se rendait en procession à une demi-lieue de la ville, à l'*Étoile à Forêt*. Lorsqu'on y était arrivé, on coupait force branches de toute espèce pour orner l'église, et le peuple en pavoisait également les rues. Les curés de la ville marchaient à cette procession par rang d'ancienneté, accompagnés de leurs bedeaux. Cette fête se célébrait encore en 1605 malgré les efforts de Cosme Clausse pour la supprimer. Aujourd'hui, toutes ces coutumes, mélanges du christianisme et du paganisme, et qu'expliquait l'espèce de barbarie où se trouvait encore plongé le peuple au moyen âge, sont heureusement tombées en désuétude, et il n'en subsiste plus que la pieuse procession des châsses, qui se fait le lundi de la Pentecôte, et est surnommée la procession des *baguettes blanches*. Ces longues baguettes que l'on y porte viennent de la nécessité où les prêtres se trouvaient de s'en servir dans les mauvais chemins qui entouraient autrefois Châlons, et ne sont nullement un souvenir de la défaite d'Attila, comme certains auteurs l'ont avancé.

(1) Datée de Nancy, 17 avril 1445.

CONCLUSION.

Nous voici à la fin du travail, que nous nous étions proposé ; nous espérons avoir présenté sous un aspect vrai et complet l'organisation de l'évêché et du chapitre de Châlons-sur-Marne, et avoir ainsi apporté notre tribut au mouvement bien marqué qui se fait en ce moment en faveur de l'histoire ecclésiastique en France. L'évêché de Châlons, comme on en peut juger, remonte à une haute antiquité, moins reculée cependant que certaines personnes la voudraient établir ; nous savons que l'opinion que nous avons émise, rencontrera de l'opposition, même parmi les hommes sérieux et instruits, mais nous avons la plus intime conviction d'être dans le vrai, et ce qui nous la donne, c'est non-seulement une étude consciencieuse et le concours des auteurs anciens les plus compétents en cette matière, mais encore l'approbation de membres distingués du clergé de notre diocèse avec lesquels nous avons étudié cette question.

Nous espérons aussi avoir donné une juste idée de l'heureuse influence de l'église pendant la période du moyen âge, et combattu les opinions auxquelles certains esprits faux ont tenté de donner la force de chose jugée, bien que nous n'ayons pas cherché à dissimuler les querelles qui ont agité l'épiscopat et le chapitre dans notre pays. Ces dissensions s'expliquent tout naturellement d'ailleurs, en se reportant à l'immense pouvoir des évêques et à l'état d'enfance, où se trouvait alors la partie même la plus éclairée de la société. Y chercher toute autre explication serait, ce nous semble, faire preuve de mauvais goût ou d'ignorance, car personne ne peut réellement, et malgré ces petits travers, nier que l'Eglise seule a l'honneur d'avoir civilisé le monde, et de lui avoir donné ces principes éternels de foi et de paix sans lesquels les nations ne peuvent subsister.

Malmy, 25 septembre 1852.

DEUXIÈME PARTIE.

━━◆◆◆━━

DOCUMENTS.

━━

Les documents que nous publions ici sont, à l'exception du premier, entièrement inédits ; ils se composent de :

1° Le grand Cartulaire de Saint-Étienne, intitulé : « *Hic haben-tur precepta ecclesiæ beati Stephani Cathalaunensis que dispersa et vetustate pœne consumpta Warinus cantor collegit et propria manu conscripsit.* » Un volume petit in-4° en parchemin, de qua-rante-huit feuillets, très belle écriture du xiie siècle ; il contient trente-quatre pièces classées irrégulièrement ; nous ne les avons mentionné que par extraits, sauf deux exceptions ; elles ont été toutes données partiellement dans divers recueils ; le n° 12, sur la monnaie, seul était demeuré inédit et vient d'être publié par M. Anatole de BARTHÉLEMY, dans son *Manuel de numismatique du moyen âge.*

2° Le Cartulaire de Saint-Étienne renfermant la grande compo-sition faite entre le chapitre et l'évêque, en 1299 : un volume petit in-4° de vingt-et-un feuillets en parchemin, dont trois blancs, belle écriture du commencement du xive siècle, lettres ornées en bleu et en rouge en tête des chapitres, avec ornements gros-siers à la plume ; reliûre du temps, en veau brun rayé, avec at-tache en acier, garnie de cuivre, et se fixant avec un clou au milieu des tablettes.

3° Cartulaire de l'évêché portant le numéro tome II ; cahier en parchemin, in-4° de soixante-quatre feuillets, écritures de plu-sieurs mains, des xiiie, xive et xve siècles, contenant trente-deux pièces de 1258 à 1526, les pages à deux colonnes.

4° Il faut également donner une mention spéciale à un Cartu-laire de l'évêché conservé aux archives de l'hôtel de ville, et dont nous avons donné de nombreux extraits. C'est un énorme registre en papier, in-4° de 510 folios, et portant cet intitulé:

« En ce présent livre sont contenus et déclarez les droits, préé-minances, fiefs, prérogatives, ensemble les cens, rentes et droits seigneuriaux que révérend père Monseigneur Gilles de Luxem-bourg, licencié en droit, évesque et conte de Chaalons, per de France, et ceux qui lui appartiennent à cause de ses dits évêchés, conté et pairie ès ville de Chaalons, bourg et faulxbourgs de la-dite ville, et aussi ès villes et villages de S.-Mange, S.-Thibaut, le bois de Forest, les rivières de Marne et de Blaise, Sarry, Cheppy, S.-Germain, Vésigneul, le Bois, le molin et garenne d'illec ; Pou-gny, Coupeville, Notre-Dame-des-Ormes, S.-Jehan-sur-Moivre, Dampierre, Francheville, Faulx-sur-Coole, Hez-l'Évesque, Mi-necourt, Thonnance, Suzannecourt, Damery-sur-Marne, Mes-nil-lez-Vertus et leurs appartenances. Ladite déclaration faicte et extraite d'aucuns registres du bailliage de Chaalons, dès l'an mil IIIe xxvm, et autres registres et cartulaires, par Louis Besche-fer, procureur fiscal de l'esveché, commencé en l'an 1505. »

Ce précieux recueil nous paraît incontestablement une repro-duction particlle au moins du Peau-de-Veau dont nous avons fait fréquemment mention dans le cours de ce travail : une preuve suffisante, d'ailleurs, en dehors de toutes celles que nos études nous ont mis à même de relever, c'est que plusieurs passages portent l'énonciation : « *Extraits du Peau-de-Veau.*» Il renferme les formalités de l'installation de l'évêque Gilles de Luxembourg. la solution de tous les cas de jurisprudence qui pouvaient se présenter aux bailliage et prévôté de l'évêque, de grands détails sur les corporations des arts et métiers, les droits de l'évêque sur Châlons et ses diverses seigneuries, et la copie de presque toutes les chartes avec un catalogue des évêques.

Voici maintenant la liste des registres provenant des archives de l'évêché, et conservés au dépôt de la préfecture :

Insinuations ecclésiastiques, 51 registres in-f°, de 1490 à 1787, latin et français.
Expéditions du secrétariat, 50 —— de 1364 à 1758.
Registres des ordinations, 2 —— de 1556 à 1609.
Procès-verbaux des visites des doyennés, 23 regist. in-f°, de 1626 à 1752.
Catalogue des doyennés, 1 petit in-f°, 1581.
Compotus curiæ Cathalaunensis, in-4°, 1435 à 1496, latin.
Compotus Domini Desiderii Continet, presbyteri insignis ecclesiæ Cathalau-nensis, canonici prebendati, 1 vol. in-4°, 1523 à 1529.
Déclaration des biens sis à La Neuville-lès-Châlons, 1 gr. in-4°, XVIe siècle.
Registre contenant divers titres et copies, 1 in-f°, 1589 à 1594.
Compte des revenus, 120 grands in-4°, 1392 à 1649.
Procès-verbal de la saisie du temporel de l'évêché, après la mort de Gilles de Luxembourg (15 mars 1554); traité de composition pour les droits régaliens à 2,000 livres, et traité par lequel l'évêque est exempt de payer des droits d'entrée pour ce qui se consomme en son palais, 1 gr. in-4°, 1640.
Extraits du bailliage, 5 in-f°, XVe et XVIe siècles.
Registres du greffe du domaine des gens de morte-mains, 2 in-f°, 1692 à 1723.
Abjurations d'hérésie, 1 in-f°, 1652 à 1707.
Terrier de Sarry, 1 in-f°, 1624.
Procès-verbaux des assemblées synodales du diocèse, 2 in-f°, 1705 à 1766.
Inventaire des titres du vidamé, 1 in-f°, 1705.
Conclusions du clergé, 1 in-f°, 1725 à 1752.
Créations, unions, désunions de bénéfices, 1 in-f°, 1707 à 1733.
Provisions d'échevins, baillis, etc., 1 in-f°, 1764 à 1785.
Expéditions des charges du bailliage de Châlons, terres et seigneuries de l'é-vêché, 1 in-f°, 1709.
Registres des dispenses de mariage et aumônes, 6 in-f°, 1681 à 1781.
Ordonnances des évêques; actes de foi et hommages, 3 in-4°, 1560 à 1693.
Livre du conseil de l'évêque, 1 in-f°, 1581.

I.

LE GRAND CARTULAIRE DE SAINT-ÉTIENNE.

HIC. HABENTUR.
PRECEPTA. ÆCCLE.
BEATI. STEPHANI.
CATALAVNENSIS.
QUE. DISP̄SA. ET VE
TVSTATE. POENE.
CONSVP̄TA. WA
RIN̄. CANTOR. COLLEGIT. ET.
P̄PRIA. MANV. CON
SCRIPSIT·.·

I. (N° du cartulaire, 16.) PRECEPTVM BEATI ELAPHI EPISCOPI DE VILLIS QUAS SANCTO STEPHANO DEDIT. — Du 5 des ides de juin, quatrième année du règne de Sigebert, an 565.

II. (N° 22.) PRIVILEGIVM MONASTERII DERVENSIS. — 15 février; deuxième année du règne de Clovis, an 693.

III. (N° 5.) PRECEPTVM KAROLI REGIS DE EMVNITATE RERVM ECCLESIE SANCTI STEPHANI. — Ides de février, cinquième année du règne de Charles-le-Chauve, an 845.

La charte parle des biens de l'église de Châlons (*parrochia*) situés dans les *pagi Virtudinsis, Pertensis et Stadinensis*; en Thuringe et dans le pays de Worms, et les déclare exempts de la juridiction des officiers du roi et du fisc.

IV. (N° 4.) PRECEPTVM KAROLI REGIS QUOD FRATRIBVS SANCTI STEPHANI DE FORVM VILLIS FECIT TEMPORE LVPI EPISCOPI. — 15 des calendes de mai, dixième année du règne, an 850. On y lit : « Earumdemque » villarum sive rerum vocabula sic habentur : Laſſion , Theſbiacus , capella » sancte Marie non longe à muro civitatis structa cum suis pertinenci.s, Plu- » dereicurtis, Acociacus , Vetus Cathalaunis , littora Cathalaunis à vado Hai- » monis usque Co.idiacum XX pedes in latitudine , Caviniacus , Amblonis- » curt , et Alnidum. Has denique res cum omni earum integritate, ut prosi- » gnatum est ab eodem viro venerabili Lupo episcopo et ab antecessoribus » ejus, usibus et stipendiis ecclesie sue clericorum deputatas simul cum » nonis et decimis. »

V. (N° 6.) PRECEPTVM KAROLI REGIS DE IMMVNITATE OMNIUM RERVM CATALAVNENSIS ECCLESIE. — Des ides de juillet, dixième année du règne, an 850.

VI. (N° 2.) PRÉCEPTVM KAROLI REGIS DE VICO CAMISIACO QVEM SANCTO STEPHANO RESTITVIT. — Des calendes de mai, treizième année du règne, an 853.

Le roi rend le village de Changy (?) avec 24 manses et une famille pour l'absolution de ses péchés.

VII. (N° 15.) Preceptvm Karoli regis de dvabvs areis in Catal. qvas sancto Stephano dedit, et de immvnitate clavstri fratrvm.

In nomine Dei et individue Trinitatis, Karolus, gratiâ Dei rex. Laboramus nos ob emolumentum mercedis anime nostre, qui ubique res ecclesie ita curamus ut nostras. Meritò enim quia qui regio culmine desiderat preferri, enixius cujus gratia prefertur debet meditari, meditationemque perfectam in augmentum provehere. Igitur noverit omnium sancte dei ecclesie fidelium nostrorumque tam presentium quam futurorum sollertia, quod infrà muros urbis Catalaunice quandam aream nostre proprietatis ex fisco nostro que vocatur..... (sic) ad utilitatem et commoda ejusdem urbis ecclesie cui presidet venerabilis pontifex Erchenraus, ab hinc et in reliquum constituimus mancipandam, que ex tribus partibus cingitur terrâ ipsius ecclesie, videlicet S. Stephani, de quartâ parte jungitur vie publice : habet namque in longo perticas.... (sic) ... in transverso. Necnon et in eâdem urbe alteram aream subditam nostre munificentie eidem ecclesie perpetualiter delegamus mancipandam : et utrum sit ex fisco nostro an etiam fisco nostro subjacens, eidem ecclesie sicut prefiximus, constituimus mancipandam, quatinùs fratres ibidem deo famulantes desuper mansiones construant atque habitent sicut mos est ecclesiasticus : habet in longo perticas....., in transverso. ... Insuper quoque per hoc nostre jussionis proceptum, precatus est nos idem pontifex, quod edicto sempiterno institueremus, ut nullius accessus in claustro vel in mansionibus predictorum fratrum ibidem deo famulantium sit, neque regia potestas, nec et jam judiciaria quelibet, sed cum summa immunitate sit idem ipse locus per supervenientia tempora immunis atque ab omni accessu extraneo quorumlibet hominum liberrimus. Cujus petitionem que valde nobis visa est racionabilis considerantes, assensum quoque preberi, nequaquam distulimus, sed per hoc nostre auctoritatis preceptum et predictas areas eidem ecclesie delegamus, et immunitatem et securitatem jubemus fratribus omni tempore superveniente quiete condonari, nemine inquietante, aut illorum famulatui in aliquo impediente. Et ut hoc nostre largitionis auctoritas firmior habeatur, manu propria subter eam firmavimus, anulique nostri impressione sigillari jussimus. Data nonis februarii, indictione IIII°, anno XVIIII° regnante Karolo rege gloriosissimo. Actum Lauduni in dei nomine feliciter, amen. — An 859.

VIII. (N° 10.) Preceptvm Karoli regis de villa qve dicitvr Malliacvs, et insvla, et abbatiola sancte Tanche. — De la veille des ides d'août, vingtième année du règne, an 860.

Le roi, à la prière de la reine Yrmintrude et de l'évêque Erchenraus, ordonne la restitution à l'église S. Etienne de ce qu'elle avait au *pagus Arceacensis* (Arcis-sur-Aube), le village de Mailly, l'île avec l'abbatiole S. Etienne, et l'abbatiole Ste Tanche, que détenaient à tort *Gauzfridus*, *Toduinus* et *Haderius*.

IX. (N° 8.). Preceptvm Karoli regis de abbatia sancti Svlpici et villa Gelonis, et Vicoberno, et villa Linonia et villa qve appellatvr Floriniacvs. — Du même jour que la précédente.

Le roi rend à l'église de S. Etienne dans le *pagus Cathalaunensis*, l'abbatiole S. Sulpice au pont de Marne à Châlons, que détenait *Bernard* Jàlons et *Vicabernus* tenus par *Odelbert*; *villa Coole* (Coole), tenue par *Warinus* : dans le *pagus Breonensis*, *villa Linonia*, tenue par *Ermenol dus*; et dans le *pagus Senonensis*; Florigny, tenu par *Elinadus*.

X. (N° 20.) Preceptvm Karoli regis de monasterio sancti Vr-

sani. — Du 8 des calendes de novembre, vingt-troisième année du règne, an 865.

XI. (N° 7.) Preceptvm Karoli regis de villa Gelonis, Camponia, Saldero, Auvennaco, Vicoberno qvas restitvit sancto Stephano. — Du 10 des calendes de décembre, vingt-cinquième année du règne, an 865.

Le roi renouvelle ses ordres de restitution à cause de la mort d'Odelbert.

XII. (N° 14.) Preceptum regis de moneta. — Du même jour.

XIII. (N° 21.) Preceptvm Karoli regis de rebvs in Witriniaco et Tonancia qvas restitvit sancto Stephano. — Des ides de mai, vingt-neuvième année du règne, an 868.

Le roi, à la prière d'Erchenraus et pour la remise de ses péchés, ordonne la restitution de ce que les comtes Girard et Hugues ont pris à l'église S. Etienne; le premier à Vitry et à Tonnance, le second à Vitry; de plus il donne ce que ces seigneurs tiennent du fisc dans ces villages et à *Piscionerilla*, à l'église et au monastère de la Trinité qui dépendait de S. Etienne : « *Eidem ecclesie subjectis monachis scilicet in eodem cœnobis sancte Trinitatis deo militantibus, largiendo tribuimus et restituendo confirmamus.* »

XIV. (N° 17.) Preceptvm Karoli regis de commvtatione qvarvmdam rervm inter Erchenravm episcopvm et Gotbertvm. — Du 5 des cal. d'octobre, même année. L'évêque cède à Gotbert, « *Consentibus clericis et laicis suis partibus* », une maison avec terres (*unam sellam*), à Bailleuil (*villa Batliolis in pago Bausionensi*), en échange de trois champs à Recy (*fine Reciacensi*).

XV. (N° 11.) Preceptvm Karoli regis de abbatia sancti Svlpicii. — Du 5 des ides de juin, trente-cinquième année du règne, an 875.

Le roi ordonne la restitution de l'abbatiole de S. Sulpice dont Gauzfride jouissait à titre de bénéfice : « *Abbatiolam dei per incuriam et malivolorum hominum violentiam ab eâdem ecclesiâ distractam.* » En échange il exige la fondation d'un service annuel et d'un repas (*refectionem*) à l'anniversaire de sa mort, et veut qu'une lampe brûle constamment devant l'autel S. Etienne de l'abbaye, le tout aux frais de celle-ci.

XVI. (N° 12.) Preceptvm Karoli regis de abbatiola sancti Svlpicii. — Du même jour. C'est une charte plus détaillée et dans le même but.

XVII. (N° 18.) Preceptum Hlvdovici Bavvariorvm regis de commvtationibvs Hlivberti et Bernonis. — Du dim. de l'Incarnation, D. CCC. LXX. VIII. an 878.

Luitbert, archevêque de Mayence, donne à l'évêque de Châlons le village de Germinon et Bernon lui cède Votenheim dans le pays de Worms, Tuphe-leibe en Thuringe et les autres biens que l'église S. Etienne peut avoir dans ce duché.

XVIII. (N° 13.) Item preceptvm Karlomanni regis de abbatia sancti Svlpicii. — Du 3 des ides de mars, deuxième année du règne, an 884.

Le roi décide qu'à la mort de *Varallus* et du juge *Rothardus*, l'abbaye de S. Sulpice qu'ils ont en bénéfice, retournera à l'église S. Etienne.

XIX. (N° 9.) Preceptvm Karoli regis de Floriniaco et villa

ϙⅤᴇ ᴅɪᴄɪᴛⅤᴙ Cosʟᴇ. — Du 10 des cal. de décembre, cinquième anné de son règne en France, an 890.

Ordre de restituer ces biens à l'église.

XX. (N° 3.) PʀᴇᴄᴇᴘᴛⅤᴍ Kᴀʀᴏʟɪ ʀᴇɢɪs ᴘʀᴀᴛʀɪs LⅴᴅᴏⅤɪᴄɪ ɴᴇᴄɴᴏ ᴇᴛ Kᴀʀᴏʟᴏᴍᴀɢɴɪ ʀᴇɢⅤᴍ, ᴇᴛ ғɪʟɪᴏʀⅤᴍ LⅴᴅᴏⅤɪᴄɪ ʀᴇɢɪs ɪᴍᴘᴇʀᴀᴛᴏʀɪs ᴅᴇ Pʟⅴᴄʜᴀɴᴄᴏʀᴛ. — Du 8 des calendes d'avril, troisième de son retour. an 900.

A la prière de l'évêque Mancion, le roi fait restituer Plichancourt avec son église dédiée à S. Remy, 12 manses et familles, dont l'une à *Godonis-curt* (Goncourt), et une autre à *villa Cousos* (Couvrot); *Roquincicurt in comitatu Pertensi*, sur le Brossion, avec son église dédiée à S. Lumier; 1ᴇ menses et 13 autres à *Haminocomont*.

XXI. (N° 19.) PʀᴇᴄᴇᴘᴛⅤᴍ Kᴀʀᴏʟɪ ʀᴇɢɪs ᴅᴇ ϙⅤᴏᴅᴀᴍ ᴄᴏɴᴄᴀᴍʙɪᴏ ɪɴᴛᴇ sᴇ ᴇᴛ Mᴀɴᴄɪᴏɴᴇᴍ ᴇᴘɪsᴄᴏᴘⅤᴍ ғᴀᴄᴛᴏ. — Du 16 des cal. d'avril, douzièm année du règne, an 904 (?) En échange de cinq serfs, l'évêque donne a roi certains biens à Plichancourt et à Aultricourt (*Authericurti*).

XXII. (N° 1.) PʀᴇᴄᴇᴘᴛⅤᴍ Kᴀʀᴏʟɪ ʀᴇɢɪs. — Du 12 des cal. d'octobre. vingt-neuvième année dn règne, an 915. Restitution à S. Etienne, de Mailly, de l'ile, et autres choses tenues sous la puissance de l'église, par le feu comte Bernard (*et quicquid prefatus comes Bernardus visus est tenere ex ejusdem potestate S. Stephani*), plus l'église de Sompuis.

XXIII (N° 23, les autres numéros se suivent.) PʀᴇᴄᴇᴘᴛⅤᴍ Rᴏɪɢᴇʀɪ sᴇ-ᴄⅤɴᴅɪ ᴇᴘɪsᴄᴏᴘɪ ᴅᴇ ᴘʀᴀᴇᴘᴏsɪᴛⅤʀᴀ ϙⅤᴀᴍ ᴅᴇᴅɪᴛ ᴄᴀɴᴏɴɪᴄɪs. — 1040 à 1065; attribuée généralement à l'an 1063.

In nomine sancte et individue Trinitatis, Sancte Matris ecclesie filiorum tam presentium quam futurorum noticie sit patefactum quod michi, videlicet Rotgero episcopo secundo, sancti ecclesie Stephani Cathalaunensis concanonici ejusdem ecclesie supplicantes convenere, deprecati ut prepositur. S. Stephani ecclesie que exoccupata tunc temporis in propria manu redierat eis in commune traderetur. Que prepositura vicio prepositorum, quantis malis ecclesiam interius et exterius afflixerat, et ad quantam paupertatis miserian concanonicos et eorumdem villanos redegerat, ipsos qui tunc temporis aderant minime latuit. Cervicositas etenim insolentie prepositorum dominationis superbie audaciam proruperat, ut non solum modo inclero tyrannice domi nari presumeret, sed etiam pro episcopo proprio nichil nisi quod libitum fuerat, facere dignaretur; si quando confratres de contumeliis et dampnis suis apud episcopum conquerrimoniam proferrent. Preterea tanta rapacitatis sacrilege impudens gulositas prepositos non eo contentos quod sibi antiquiter statutum ad habendum pervaserat, ut plus de ecclesie redibitionibus preter annonam et vinum et denarios censuales sibi usurparent, quam a confratrum rediret mensam. Et ab hoc rarissime contingebat, ut pannum integrum concanonicorum continuaretur prandium. Hec solummodo ecclesi michi commisse istud malum, sed pluribus in Francia acciderat, que similiter proprios episcopos adeuntes ut idem malum ab ecclesiis suis extermi narent, imploraverunt, et implorando ab episcopis exaudiri impetraverunt. Sed concanonicorum meorum petitionem ecclesie beati Stephani utilissimam e exequtione dignissimam non abdicans benignissime suscepi, et preposituram eis in commune tradidi, exemplum aliorum coepiscoporum imitatus, qu plures ejusdem tyrannidis contagium ab ecclesiis suis radicitus explantave runt; ea tamen racione, quatinus donorum distribution s prepositurarum ec-

clesie quas prepositus per subprepositos dispartiri solebat, episcopus absque
cujuslibet muneris palpatione dispertiatur, neque tamen per alios nisi quos ad
obœdientia idoneos et utiles confratrum deliberatio communiter elegerit, et
tali tenore, ut quolibet tempore canonicis electos ipsos obœdientias com-
missas non bene et fideliter gerere videbitur, obœdientiis priventur : et alii
pro ipsis substituantur cum episcopi tamen consilio. Ob hoc autem in manu
propria et aliorum coepiscoporum subsequuturorum de prepositura duntaxat
hoc retentum est, non ideo ut quolibet modo inde occasione sumpta in preposituram episcopus prosiliat, sed ne decanus aut quilibet in clero alius has
donationes distribuens, in vicium elationis delapsus insolescat et ita se aliis
prepositum ratus intumescat. Ad hoc unus de fratribus sine consilio et jussu
episcopi communiter a fratribus eligatur, et obœdientia ei commissa nisi bene
fecerit, rursùs sine consilio et jussu episcopi a fratribus auferatur : qui frater re-
dibitiones quas prepositus sibi seorsum quondam accipere solebat, diligenter
inquirat et recipiat, et receptas fideliter custodiat usque dum anniversarius
dies mei obitus sicuti evenerit annis singulis adveniat. Tunc demum quicquid
de prepositure reditibus coadunatum frater ipse habuerit, eodem die hac racione dispenset ut unicuique fratrum duodecim denarios distribuat, et pau-
peres tres pro salute anime mee et omnium coepiscoporum et concanonicorum
ejusdem ecclesie tam viventium quam defunctorum, cunctorumque fidelium
inde pascantur, et talibus indumentis induantur, qualia ad ipsum tempus
congrua videbuntur. De ceteris vero omnibus que residua fuerint, ab ipsa
die et deinceps quamdiù duraverint, confratrum prandium continuetur. Hoc
autem fiet anno quo fratres insimul comedent ; quo vero anno facultas ecclesie
ndigenos fratres prandere communiter non patietur, minister prenotatus eodem tempore superius adnotato quicquid in anno collectum habuerit per confratres dispertiatur. Preterea de unaquaque prebenda quam episcopus prebe-
bit (1), quadraginta solidos canonici habeant. Si autem plus quam quadraginta
canonici fuerint, tot ultra quadraginta solidos habeant quot ultra quadraginta
canonici fuerint. Et si pauciores quadraginta, solidos tamen quadraginta habeant. Istaquoque redibitio ad preposituram pertinet, sed prepositi injuste
plus capere solebant ; quod quia injustum erat, ad modum XL solidorum redu-
cendo ita temperari. Quo vero die prebenda donata fuerit, denarii isti solvantur
et per confratres distribuantur, et eodem die pro salute anime mee et omnium
episcoporum et concanonicorum beati Stephani ecclesie, cunctorumque fidelium defunctorum apud eamdem ab omnibus canonicis commendatio agatur, et
missa sollempniter celebretur, et cetera pro mortuis agenda devotissime exple-
antur. Preter hec omnia canonici mecum popigerunt ut ab ipso die quo obitus
meus evenerit usque ad annum integrum cuidam presbitero unam prebendam
darent, qui unaquaque die anui ipsius anime mee commendationem ageret,
et missam cantaret. Quod ut oblivioni aut neglegentie non tradatur, et precor
et moneo. Ad hanc vero petitionem canonici sibi communiter a me alteram
flagitaverunt, ut videlicet unam prebendam quam quidam cecus habebat unde
nichil servicii ecclesie faciebat, post obitum ejusdem ceci eis tali racione co-
mederem, ut vicarius presbiter substitueretur, prebendam ipsam suscipiens
de pane tantum et vino, nisi festis diebus quibus fratres novem lectiones facient, in quibus comedet in refectorio quali ceteri canonici utentur cibo. Quo
vero anno insimul canonici non comedent, qual m canonici habebunt preben-

1 Deux mots grattés.

dam vicarius ipse habeat talem ; hic autem pro prebenda tale servicium faciet,
ut pro uno quoque canonico qui morietur et omnibus episcopis et canonicis
cunctisque fidelibus missam cotidie et cetera pro mortuis agenda celebret .
donec alius canonicus moriatur , et pro ipso nominatim et aliis omnibus superius descriptis idem officium expleatur , et eadem lege de omnibus aliis
morituris fiat , et perpetuò ad hoc officium hujusmodi prebenda maneat. Que
omnia aut etiam unum si quis nequicie spiritu arreptus adnichilare ac re-
movere aliter quam tractatum et prenotatum est molitus fuerit , molitio ejus
in irritum cum ipso dampnetur, et ipse jaculo anathematis transfodiatur , et
gehenne supplicio detrusus in eternum deputetur. Hugo cancellarius sus-
cripsit.

XXIV. De Karneiaco. — De 1004 à 1008.

L'évêque Guy 1er (?) cède au comte Angelbert et à ses deux fils le village de Charny , au comté d'Arcis , terre affectée à la mense des chanoines,
sous un cens annuel de 10 sols payable à la S. Etienne , sous peine d'être
expulsé de plein droit.

XXV. De quibusdam rebus qvas Rotgervs primvs episcopvs dedit sancto Stephano. — De 1009 à 1045.

Mémoire établissant qu'il a
cédé à son église le fief qu'il tenait de sa famille (*allodium quod jure here-
ditario possidet*), sur la Blaise et la Blaiselle (*in Blesâ et Bleseilâ*) , avec
terres , bétail et six familles de serfs , le fief *de Salcito* ; quatorze familles
de serfs à Fontaines ; le fief *de Meastriciis* ; l'autel de S. Sulpice et celle
de S. Mard-sur-le-Mont , *in comitatu Stadunensi*.

XXVI. De Trepalio. —

L'évêque Roger 1er (?) , de l'avis du prévôt Roger , du doyen Isembard et
des autres chanoines du chapitre , donne au chevalier Salon la moitié du fief
de Trépail, sauf l'église et le moulin, sous le cens annuel de 15 sols à la fête
de S. Etienne ; à sa mort la terre retournera à la mense des chanoines. (C'est
de Roger 1 sans doute , puisque Roger 11 abolit la dignité de prévôt.)

XXVII. De altari de Trepalio. — Mo LXX° VIII°. an 1078.

L'archevêque Manassès de Reims le donne au chapitre S. Etienne.

XXVIII. De qvadam conventione inter Rotgervm secvndvm episcopvm et Petrvm Vitriacensem.

Pierre de Vitry rend au chapitre l'église et le village de *Medianocurte*, qu'il
tenait à bénéfice , pour que les chanoines le rendent à son fils ainé avec l'investiture et une de leurs prébendes ; si celui-ci meurt , le second fils ou un autre succèdera ; s'ils ne survivent pas à Pierre , le tout retournera à l'évêque.

XXIX. De conventione inter Rotgervm secvndvm episcopvm et comitem Odonem.

Eudes, qui se qualifie ici de *comte par la grâce de Dieu*,
était fils de Étienne 11, comte de Champagne. L'histoire nous apprend que
son père mourut vers 1047 ou 1048 , et que son oncle Thibaut, la même
année, s'empara de la Champagne, et le força à se retirer auprès du duc de
Normandie, dont il épousa la sœur. Ces faits indiquent clairement la date de
l'acte ci-dessus mentionné.

Comme l'évêque avait été trouver le comte Odon pour lui exposer que
les nombreux châteaux forts que l'on élevait dans le pays ne servaient qu'à
opprimer l'église et le peuple « *Timens ne Cathalaunensis ecclesie hujusmodi
malum contingeret , humiliter me petiit ut infrà spacium octo leugarum*

à muris ejusdem civitatis in circuitu nec ego nec succesores mei per tempora succedentia aliquid mancipium firmari permitteremus. » Ce qu'il accorde.

XXX. Hoc est memoriale conventionis qvam Odo comes , Stephani comitis filivs, Rotgero secvndo episcopo pepigit : pour maintenir la paix.

XXXI. Conventio inter canonicos sancti Stephani et Hervevm prepositvm.

L'évêque Roger cède à Hervé, prévôt de Vitry, pour sa vie , le village de Plichancourt, qui ne rapportait rien par suite des violences des voisins. Hervé s'engage à payer un cens annuel de 10 sous à la fête S. Etienne.

XXXII. Privilegivm Paschalis pape. — An 1107.

Il énumère les biens de l'église de S. Etienne : S. Amand, Pogny, Plichancourt , Sapignicourt , la moitié de Villette , Thibi , Jaalons , Champigneulles , Trépail, Billy, la moitié de Melzicourt et son moulin (*Malzeicurtis*); dans Châlons : le Pont, la justice du Pont , le four de Grève, la Monnaie , le rivage de la Marne , le Cloître , la terre de Roignon , les deux moulins de la porte Marne. la moitié du fief de *Norgandi* , le fief de *Genemeicurte apud Orium* . la terre de S. Etienne , Notre-Dame en Vaux , *cum parrochia liberam* (ecclesiam) *et quietam ab omni dominio episcopi et archidiaconis.* » L'église de S. Nicolas , celles de Pogny , de S. Mard-sur-le-Mont , la prévôté donnée au chapitre ; les autels de Sapignicourt , Plichancourt , Soudron , Fontaines . Gionges , Jaalons Dampierre-sur-Moivre , Capy , Coupetz , S. Jean-sur-Moivre , Châtrices , Villers , Ablancourt et Aulnay, toutes données par Roger III ; de Sompuis , de Sommesous , *de Summo Saldero* , de *Vuimero* [Vinay ?], de Velyes, de Clamanges et d'Huiron, les terres de *Conadiis*. de la Neuville et de Melette.

XXXIII. Privilegivm paschalis pape de terra qvam comes Hvgo dedit beato Stephano apud sanctvm Amandvm. — An 1107.

XXXIV. Accord entre l'évêque Hugues de Châlons et l'abbé Anscher de Ste Marie de Vertus au sujet de la cure : l'abbé la cède au prélat , mais aussitôt cet acte d'obéissance , Hugues la lui rendit *sub subjectione et servicio.* An 1111.

<hr>

II.

PETIT CARTULAIRE DE St-ÉTIENNE DE CHALONS-St-MARNE .

Dans lequel sont comprises la grande composition du chapitre avec Jean de Chateauvilain, évêque de Châlons, et les bulles que le pape Boniface viii donna en confirmation. (Ans 1297, 1298, 1299.)

<hr>

BULLA PAPALIS.

BONIFACIUS episcopus servus servorum Dei, dilectis filiis abbati monasterii sancti Memmii Catalaunensis, et magistro Odoni de Senonis Remensis ac Onnofrio dicto Pape de Trebis Trecensis ecclesiarum canonicis salutem et apostolicam benedictionem.

102

Et si solita sedis apostolice rectitudo que in suis processibus iusticie metas non deserit excessans quorumlibet quos ordo clericalis includit aborreat, et reddantur contrarii votis suis illos tum propentius detestatur et reprobat, geritque molestius quos ecclesiarum prelati qui positi sunt ut errores corrigant aliorum pontificalis modestie honestate post posita communi sancte dignoscuntur. Sane gravis admodum et onusta dispendiis dilectorum filiorum decani et capituli Cathalaunensis ecclesie nuper ad audienciam aplatus vestri querela produxit, quam licet de consuetudine antiqua ac hactenu: , acifice observata ad eos solummodo omnimoda iuridictio spiritualis et temporalis in claustrum, canonicos, capellanos, vicarios et clericos eiusdem ecclesie ac etiam furnerium et proprios servientes eorum et.........., sancte Trinitatis et beate Marie in Vallibus ecclesiarum canonicos ac ipsius ecclesie beate Marie sacrarium pertineret et ipsi tum sint, essent et fuisse noscantur a tempore cuius memoria non existit, in possessione vel quasi huiusmodi iuridictionem in predictum claustrum et alios memoratos libere exercendi. Venerabilis amen frater noster Cathalaunensis episcopus finibus propriis non contentus, sed ad usurpandum iuridictionem huiusmodi decani et capituli vehementer aspirans, nonnullos canonicos Cathalaunenses et servientes ipsorum ac furnerium supradictos pluries per ministeriales suos ausu capi sacrilego et diro fecit carceri mancipari, quorum aliquos adhuc detinet idem carcer inclusos cumque prefecti decanus et capitulum propter premissa et nonnulla alia que ipsis ab eodem episcopo constant, justitiam inferuntur irrationabiliter decrevissent fore contra eumdem episcopum in ipsa Cathalaunensi ecclesia cessandum penitus a divinis et propterea non injuste organa suspendissent prout ad eos de antiqua et approbata et hactenus observata pacifice consuetudine pertinet et etiam ad sedem apostolicam super hiis contra eumdem episcopum appellassent; prenominatus episcopus sequens proprie voluntatis arbitrium a se iudicio racionis excluso in ejusdem sedis contemptum non modicum et.... [*mot gratté*] scandalum plurimorum prefatam ecclesiam Cathalaunensem fractis ejus ostiis violenter ingrediens; in ea publice ac sollempniter alta voce divina officia celebravit ac in claustro et sacrario, supradictis ejectis ex inde turpiter et ignominiose tractatis, officialis decani et capituli eorumdem ac eius nunciis per baillivum ipsius episcopi cum non parva multitudine armatorum eius in hac parte fautorum et cumplicum ac etiam quadem scala violenter extracta que tunc in eodem claustro erecta fuerat ut in ea quidem falsarius poneretur placita sive causas, per officialem suum et baillivum predictum tenere et exercere presumpsit, juridictionem decani et capituli temere usurpando. Nec hiis episcopus ipse contentus, sed effrenatus ausibus excessus excessibus cooacervatis prefatos decanum et capitulum super bonis et iuribus ac possessionibus suis molestat multipliciter et perturbat, villas evadit, ac homines illorum de corpore dictique claustri custodes capi et carceraliius tradi vinculis ac bona occupari eorum, minus licite faciendo ac ipsos et eorum compellandos subdictos ut coram ipso respondeant conquerentibus de eisdem ac in talliis et collectis contribunt, que plerumque Cathalaunensibus civibus imponuntur et a quibus tam ex privilegio speciali quam ex approbata consuetudine fuerunt hactenus liberi et immunes; permisit insuper memoratus episcopus dilectos filios Maiorem et Stadiensem archidiaconos, canonicos, capellanos et clericos ejusdem Cathalaunensis ecclesie ac ipsorum decani et capituli servientes in eadem beate Marie ecclesia constitutos per multitudinem Cathalaunensium civium licet ipsi sub episcopi prelibati

custodia permanerent , ac idem fuisset episcopus propter hoc ab eis requi-
situs humiliter , ut illos tunc ubi tueretur nequiter et injuriore tractati ac
eciam usque ad effusionem sanguinis verberibus gravibus et periculosis af-
fligi ac ejusdem portas ecclesie necnon et solennes Christi et gloriose Virginis ejus genetricis ymagines publice destrui et confringi, ut sedes seu
bancas officialis seu notariorum ac sacerdotum ejusdem ecclesie ignis vora-
citate consumi, non modica multitudine lapidum, lignorum et luti ausu iac-
tata nephario in ymagines antedictas ministerialibus episcopi memorati presentibus nec prohibentibus , licet possent , talia perpetrari. Dilapidat etiam
et consumit prenominatus episcopus bona Cathalaunensis ecclesie supra-
dicte quia cum scabinatus seu jus eligendi scabinos civitatis Cathalaunensis
ad ipsum episcopum racione Cathalaunensis ecclesie pertineret ipse scabinatum seu jus predictis Cathalaunensibus civibus remisit pecunie quantitate. Bal-
duinum etiam qui Judas vulgariter nuncupatur , tunc hominem de corpore
ipsius ecclesie per quemdam episcopi memorati germanum militari cin-
gulo decorari fecit eumque sic libertati donavit , dictis decano et capitulo
minime requisitis. Ac etiam romano pontifice inconsulto et canonum in
hoc non servata censura contra juramentum ab ipso prestitum de non alie-
nandis bonis et juribus ejusdem ecclesie nichilominus, propterea temere ve-
niendo nec erubuit sepefatus episcopus publice coram multis asserere quod
episcopatus Cathalaunensis bona pro juribus dissiparet. Alia quoque gravia et
enormia contra decanum et capitulum supradictos , episcopus ipse per se ac
officialem ejus committere non desistit, que in divine majestatis offensam
salutis , episcopi memorati dispendium , fidelium scandalum , ipsorum
decani et capituli grandem redundare noscuntur injuriam et jacturam , super quibus et aliis injuriis que ipsis ab eodem episcopo cotidie inferuntur.
pecierunt humiliter per apostolice sedis clementiam provideri. Cum tanti
igitur et tam graves et enormes ipsius excessus episcopi, si veritatis ad mi-
raculo foveantur , volumus sicuti nec debemus equanimiter sustinere ne
ceteris ausum prebeant delinquendi, volumus et per apostolica vobis scripta
in virtute obedientie districte precipiendo, mandamus quatenus vos vel duo
aut unus vestrorum per vos vel alium seu aliis eumdem episcopum ex parte
nostra peremptorie citare curetis ut infra trimestris temporis spacium se
personaliter apostolice sedis conspectui representet , suam super premissis
si poterit innocentiam ostensurus ac aliter facturus et recepturus eciam in hac
parte, quod ordo dictaverit juris sive racionis. Et nichilominus predictis decano et capitulo ex parte nostra districtus manigatis (?) ut aliquos de se ipsis
ydoneos et in hiis sufficienter instructos ad sedem ipsam transmittere non
obmittant, qui coram nobis in termino memorato compareant hujusmodi
prosecuturi negocium prout de jure fuerit faciendum diem vero citacio-
nis et hujusmodi mandati et formam et quicquid inde feceritis per vestras
litteras harum seriem continentes studeatis nobis fideliter intimare. Datum
Rome apud sanctum Petrum quarto nonarum martii , pontificatus nostri
anno tertio [an 1297].

———————

Bonifacius episcopus servus servorum Dei dilectis filiis magistri Jacobo de
Normandis archidiacono Narbonensis, Matheo de Granceyo Belvacensis et
Johanni de Villa Gardena Remensis cantoribus ecclesiarum . salutem et
apostolicam benedictionem. Dudum inter venerabilem fratrem nostrum epis-

copum ex unâ parte et dilectos filios decanum et capitulum Cathalaunensis ecclesie ex alterâ parte, super certis articulis super quibus ipsi decanus et capitulum a dicto episcopo assererant indebite se gravatos ; eodem episcopo ad ea ipsis diversa et varia ut dicebat racionabilia respondente dissencionis exorta materia, cujus occasione discordie predicti decanus et capitulum in ecclesia Cathalaunensi a divinis organa per decennium et amplius suspenderunt.

Nos huiusmodi discordia ad nostram deducta noticiam, postquam fuimus ad apicem apostolice dignitatis assumpti non absque dolore cordis et compassionis affectu, attenta meditatione pensantes quod ex eis animarum discrimina, infamia personarum, divini subtratio cultus et devocionis diminucio multipliciter contingebant; et propterea nolentes super hiis ex officio nostro de salubri remedio providere predictos episcopum et decanum et capitulum ex parte nostra peremptorem citari mandavimus ut idem episcopus personaliter, predicti vero decani et capitulum per procuratorem ydoneum ad hoc ab eis [specialiter] constitutum coram nobis comparare curarent, facturi et recepturi super hiis quod iusticia suaderet nosque iniungeremus eisdem comparantibus, itaque ipso episcopo personnaliter et dilecto filio magistro Petro de Alvernia canonico Cathalaunensi procuratore ipsorum decani et capituli iuxta tenorem mandati nostri huiusmodi coram nobis auditis partes ipse tum coram nobis; quia coram dilectis filiis nostris Iohanne tituli sanctorum Marcellini et Petri et Nicholao tituli sancti Laurencii in Damaso cardinalibus presbiteris, quibus hoc duximus committendum, super predictis dicere et proponere voluerunt, ac hiis et aliis indebitam consideracionem aductis turbacioni eorum occurere celeriter ad dissencionem eamdem per viam compendii terminare auctore domino proponentes, mandamus, ordinamus et volumus ut predicti decanus et capitulum statuti propter denunciacionem presentium, a predicta divinorum suspensione cessent et prorsus abstineant et absque dilacionis et difficultatis obstaculo resumant precise et plene ut priùs, et continuent organa divinorum ; ea de cetero ex ipsis eisdem culpis vel causis prestitis ex quibus illa in dicta ecclesia suspendisse noscuntur et super quibus discutitur inter partes nullo unquam tempore suspensuri. Quibus organis resumptis ut predicitur, prelibatus episcopus statum post resumptionem eorum, infra unius mensis spacium, mille libras Parisienses apud monasterium sancti Remigii Remensis, vel apud monasterium sancto Genovefe Parisiense deponat et deponere teneat, [ut] cum in premissis in culpa repartiri contigerit. Disponatur de ipsis prout vis dictaverit et nobis videbitur expedire, et nichilominus remaneat idem episcopus [obligatus] ad maiorem pro nostre voluntatis arbitrio quantitatem pecunie persolvendam si nobis visum fuerit quod sit propter hoc in maiori summâ pecunie condempnandus de qua similiter prout videbitur nobis disponetur. Quocirca discretioni vestre per apostolica scripta mandamus quatinus hiis in dicta Cathalaunensi ecclesia solemniter publicatis predictos decanum et capitulum ad huiusmodi resumptionem et continuationem organorum et eumdem episcopum ad predictum depositum ut premittitur, facienda auctoritate nostra si opus fuerit appellatione post posita compellatis non obstans quibuslibet ipsius Cathalaunensis ecclesie contrariis consuetudinibus vel statutis juramento confirmatione sedis apostolice vel quacunque alia firmitate vallatis seu si prefatis episcopo, decano et capitulo vel eorum aliquibus communiter vel divisim a predicta sit sede indultum quod interdici vel excommunicari nequeant aut suspendi per litteras apostolicas non facientes plenam et expressam ac de verbo ad verbum de indulto huiusmodi mentionem. Ceterum ut melius et salubrius prefato negocio consulatur negocium ipsum infra duo menses post dictum mensem immediate sequentes studeatis concordia si poteritis inter eosdem episcopum, decanum et capitulum terminare. Alioquin in ipso negocio de plano sine strepitu et figura judicii procedentes partibus ad producendum et exhibendum coram vobis infra sex mensium spacium preter duos dictos menses immediate sequentium articulos datos et exibitos hactenus hinc et inde apud dictam sedem apostolicam coram cardinalibus supradictis quos ipsi cardinales sub sigillis suis transmittunt inclusos. Nec non confessiones, protestaciones, attestaciones et acta dudum habita in ipso negocio coram quibuscunque arbitris electis a partibus nec non et testes, litteras et instrumenta et alia que coram vobis producere voluerint in negocio memorato, terminum peremptorem assignetis arbitros ipsos vel illum seu illos ex eis apud quem vel quos esse contigerit, huiusmodi confessiones, protestaciones, attestaciones et acta habita ut predicitur coram ipsis ad exhibendum et assignandum ea [vobis] prout opus et justum fuerit per censuram eamdem appellacione postposita compescendo. Que quidem acta, confessiones, protestaciones et attestaciones valere volumus quantum de iure fuerit et tenere. Quibus productis [vos] nullam curetis discussionem habere superim pertinencia vel superfluitate articulorum, sed utrique parti ius repellendi processu temporis in pertinentes et superfluos articulos reserv tis. Et compellatis ipsas partes que omnibus illis ex articulis prelibatis quibus nundum est sufficienter responsum, sufficienter studeant respondere. Ita videlicet quod episcopus per se vel procuratorem articulis capituli, capitulum vero per procuratorem articulis episcopi sufficienter respondere procurent et postquam procuratores ipsi responderunt. Nichilominus responsiones procuratorum episcopi legantur episcopo et idem episcopus per juramentum proprium vel responsiones [ipsas] acceptet vel sufficienter corrigat per se ipsum et similiter responciones procuratorum capituli legantur ipsi capitulo ad hoc insimul in ecclesia more solito congregato et tunc singuli de dicto capitulo per juramentum proprium responsiones predicti procuratoris eorum ratificare vel sufficienter corrigere teneantur ; quod si fuerint ipsi de capitulo in huiusmodo eorum ratificatione vel correctione discordes, tunc quod major pars eorum dixerit, habebitur pro responso, illi autem articuli ex articulis prelibatis quibus dicte partes vel earum altera jusse a vobis intra terminum ipsum sufficienter non curaverint respondere pro probatis et confessatis quantum ad prius negocium pertinet, penitus habeantur, deinde vero prelibatos articulos illis qui per confessiones partium et illis qui pro eo quod eis denegatum fuerit ut premittitur responderi, fuerint pro probatis et confessatis habendi, duntaxat exceptis et confessiones, protestationes, attestaciones et acta habita coram dictis arbitris si vobis ea exiberi contigerit, ac testes, litteras, instrumenta et alia que coram vobis fuerint, ut predicitur, in negocio memorato producta, apud civitatem Cathalaunensem infra dictos sex menses prudenter recipere. Et secundum interrogatoria ab eisdem partibus producenda si ea exibere voluerint, et que a vobis fuerint approbata, alioquin iuxta datam a deo vobis prudenciam diligenter examinare curetis, facientes transcribi fideliter hujusmodi litteras, instrumenta et alia que duxerint producenda. Si vero alterutra partium testes, litteras, instrumenta et alia producta alterutrius voluerit reprobare, testes qui super reprobatione huiusmodi producti fuerint infra eosdem sex menses

recipere ac examinare diligencius studeatis. Et demum prefatum negocium
in totum aut saltem in ea parte de qua poteritis, curetis nichilominus infra
memoratos sex menses concordia vel iudicio diffinire. Facientes quod
diffiniveritis et decreveritis per censuram prefatam appellacione remota
inviolabiliter observari. Quod si, nec in totum, nec in aliqua parte negocium ipsum concordia vel iudicio duxeritis terminandum, aut eciam si in
aliqua parte vos illud concordia vel iudicio terminare contigerit, sed non
totum : tunc secundum ea que restabunt de negocio terminanda vel con-
cordanda, depositiones predictorum testium fideliter in scriptis redactas
una cum omnibus articulis et interrogatoriis supradictis articulorum imper-
tinencium et superfluorum ut predicitur iure salvo et transcriptis litterarum
et instrumentorum et aliorum que partes ut predicitur duxerint producenda, ad vestram presenciam transmissuri ac significaturi nobis que et
quanta fides eis fuerit adhibenda, prefixo eisdem partibus termino peremp-
torio competenti quod per se vel per procuratores ydoneos cum omnibus actis, iuribus et munimentis suis predictum negocium contingentibus
apostolico se conspectui representent, diffinitionem et terminationem sa-
lubrem et celerem super ipso negocio vel ea parte ipsius que terminata
non fuerit, dante domino, recepture. Dies autem huiusmodi remissionis et
prefixionis et quidquid super premissis duxeritis faciendum nobis per
vestras litteras harum seriem continentes fideliter intimare curetis. Testes
autem qui fuerint nominati, si se gratia, odio vel timore subtraxerint, censura simili appellatione cessante cogatis, preterquam super criminibus veri-
tati testimonium prohibere.

« Quod si non omnes hiis exequendis potueritis interesse, duo vestro-
» rum ea nichilominus exequuntur. Ter huiusmodi autem provisionem, or-
» dinacionem, mandata nostra et alia supradicta, iuribus, privilegiis, consue-
» tudinibus vel statutis parcium earumdem vel alicujus ipsarum aliud [in
» nullo] volumus derogari, provisione, ordinatione ac aliis supradictis in
» sua permanentibus firmitate.

» Datum Latterano octavis ydiis februarii, pontificatus nostri, anno
» quinto. »

COMPROMISSUM FACTUM INTER REVERENDUM PATREM DOMINUM JOHAN-
NEM DEI GRATIA CATHALAUNENSEM EPISCOPUM EX UNA PARTE ET
CAPITULUM EX ALTERA SUPER DIVERSIS ET PLURIBUS ARTICULIS.

« In Dei nomine amen. Noverint universi presens publicum instrumen-
» tum inspecturi quod anno eiusdem Nativitatis millesimo ducentesimo nona-
» gentesimo nono, indictione tertia decima, visema. II.,- die mensis decem-
» bris, in vigilia Nativitatis domini domini nostri Jhsus Christi, pontificatus
» sanctissimi patris domini Bonifacii pape VIII, anno quinto. Orta dudum in-
» ter reverendum in Christo patrem dominum Johannem Dei gratia Cathalau-
» nensem episcopum ex una parte, et venerabiles viros decanum et capitulum
» Cathalaunensis ecclesie ex altera super diversis injuriis, querelis, violen-
» ciis et controversiis, materia questionis. ▪ Tandem eadem causa super
predictis omnibus viris venerabilibus et discretis dominis seu magistris Jacobo de Normannis archidiacono Narbonensis, Matheo de Granceyo Belvacensis, et Johanni de Villa Gardana Remensis ecclesiarum cantoribus fuit

sub certis modo et forma apostolica sede commissa concordia vel iudicio
terminenda seu eciam decidenda seundum tenorem mandati apostolici una
bulla. . . . . et filo canabis pendentibus sanis et integris more curie romane
bullati prout prima facie apparebat, quod sic incipit.

• Bonifacius episcopus, etc. (*Voir* page 103.)

Quiquidem judices in causa ipsa iuxta formam mandati apostolici procedentes de communi consensu parcium predictarum, videlicet reverendi
patris domini Johannis Cathalaunensis episcopi nomine suo et successorum
suorum ex una parte, et venerabilium virorum decani et capituli Cathalaunensis ecclesie suo et ecclesie sue nomine ex altera, in presencia mei notarii
apostolica et imperiali auctoritate publici et testium infra scriptorum ad hoc
specialiter vocatorum et rogatorum, dicte partes pro bono pacis et concor-
die de bonorum consilio imprefatos judices videlicet magistros Jacobum
de Normannis archidiaconum Narbonensem et Johannem de Villa Gardana
cantorem Remensem et magistrum Johannem dictum Felix canonicum Laudunensem subdelegatum à venerabili viro magistro Matheo de Granceyo cantore Belvacense, necnon in venerabiles viros magistros Petrum de Hermondivilla archidiaconum Joinville in ecclesia Cathalaunense et Petrum de
Alvernia eiusdem ecclesie canonicum et Droconem de Cantumerula canonicum Laudunensem super omnibus injuriis, querelis, violenciis, dampnis,
expensis et controversiis seu questionibus que inter prefatos reverendum
patrem dominum Johannem Cathalaunensem episcopum predictum et venerabiles viros decanum et capitulum Cathalaunensis ecclesie memoratos,
coram dictis judicibus vertebantur, et etiam super omnibus aliis controversiis, questionibus que usque in diem confectionis presentis instrumenti publici inter dictos reverendum patrem dominum Johannem episcopum predictum et venerabiles viros decanum et capitulum supradictos evenerunt, excepta omne superioritate spirituali in capitulum et singulos canonicos. De
eodem ac ecclesiastica temporali superioritate in ipsorum decani ex capituli
juridictione temporali tam quam in arbitros arbitratorum et amicales compositores compromisserunt unanimiter et concorditer secundum modum et formam inferius annotatos. Judicibus predictis nichilominus una cum arbitraria
potestate suam auctoritatem et judiciariam potestatem sibi de consensu parcium retinentibus in premissis eisdem decano et capitulo protestaverunt quod
per hoc in magistrum Johannem dictum Felix canonicum Laudunensem subdelegatum predictum volebant tamquam in judicem consentire, nisi quatinus juris fuerit ac eciam rationis, ita videlicet quod predictis ex arbitri arbitratorum seu amicales compositores omnis insimul de hujusmodi tractant
concordia bona fide, ita quod eorum altero deficiente de hujusmodi concordia
tractare non possint. Quod si fecerint, quod factum fuerit, careat omni robore
firmitatis, et illud quod omnes sex arbitrii simul tractaverint vel saltem quinque ex eis insimul communiter et concorditer duxerint, ordinandum pronun-
ciant illud, et postmodum predictos judices decernatur et inviolabiter a partibus observetur, et ad effectum firmiter producatur, alioquin non valeat quod
factum fuerit, ordinatum seu concordatum inter eos nisi omnis sex insimul
vel saltem quinque ex eis concordaverint de discordiis supradictis, et id
quod per eos, ut predicitur, fuerit ordinatum, et postmodum per eosdem judices decretum seu etiam diffinitum, dicti judices auctoritate apostolica eis in
hac parte commissa faciant per censuram ecclesiasticam perpetuo et inviolabiter observari. Volentes et expresse consencientes partes superius nomi-

nate ut dicti arbitri arbitratorum et amicabiles compositores in prefacto negocio procedere valeant, sive possunt de plano et sine forma et figura judicii
diebus Dominicis et festivis feriatis et non feriatis, presentibus et absentibus,
vocatis et non vocatis partibus supradictis secundum quod eisdem placuerit
et eis visum fuerit expedire, ita tamen quod hujusmodi eorum potestas ultra instans festum Epiphanie domini non produret, nisi huiusmodi dilatio de
consensu communi partium fuerit prorogata. Hoc etiam etiam expresse et de
consensu judicii et parcium predictarum quod processus judiciarius inchoatus
per ipsos in causa premissa quantum ad preterita presentia et futura per
huiusmodi compromissum in nullo impediatur, vel etiam r tardetur, quo-
minus partes possunt dicere et proponere in testes et dicta testium et alia
facere ac si nunquam fuisset in causa huiusmodi compromissum et prout dictaverit ordo juris. Quibus sic actis ut predictum est, ipsi judices et preno-
minati compromissarii rogati omnis compromissi in se huiusmodi susceperunt,
promittentes bona fide quod in ipso negotio compromissi omni commodo,
timore, odio vel favore post positis secundum domini et justiciam pro ipsarum
parcium utilitate procedent. In cuius rei testimonium hoc presens instrumentum una cum sigillis parcium predictarum. Ego Anthonius Sici de Vercellis clericus, apostolica et imperiali auctoritate notarius publicus, ad instan-
ciam et requisitionem parcium predictarum meo solito signo signavi rogatus... Et nos Johannes dei gratia Cathalaunensis episcopus predictus pro
nobis et successoribus nostris.. Et nos decanus et capitulum predicti pro
nobis et ecclesia nostra premissa approbantes et in eis consencientes expresse
presenti publico instrumento sigilla nostra apposuimus in testimouium premissorum....» Acta sunt hec in civitate Cathalaunensi videlicet tam in ca-
» mera reverendi patris domini Johannis episcopi predicti, die Mercurii
» nuper preterita in crepusculo noctis, anno indictionis et pontificatus quibus
» supra, ipso reverendo patre presente : quam in capitulo predicto, in vigi-
» lia nativitatis predicte, decano et canonicis, qui voluerunt, debuerunt et
» potuerunt commode interesse ad sonum campane more solito in dicto capi-
» tulo congregatis ; presentibus discretis viris : magistro Lamberto de Wais-
» scio legum professore; magistro Renaudo de Domo Lenigno, officiali Catha-
» launensi ; domino Hanrico canonico ecclesie Sancte Trinitatis Cathalaunen-
» sis, Petro matriculario Sancti Stephani Cathalaunensis et Girardo Mutre ecle-
» ricis testibus vocatis et rogatus [sic]. » Et ego Anthonius Sici de Vercellis
clericus apostolica et imperiali auctoritate notarius publicus, hiis omnibus
suscriptis una cum testibus prenominatis presens instrumentum ea omnia
de mandato dictarum parcium in hanc publicam formam redegi signoque
meo solito signavi rogatus.

COMPOSITIO FACTA INTER DOMINUM EPISCOPUM CATALAUNENSEM EX
UNA PARTE, ET DECANUM ET CAPITULUM EX ALTERA.

In nomine Patris et Filii et Spiritus Sancti, amen. Anno ejusdem millesimo ducentesimo nonagesimo nono : indictione tercia, decima dominica
die post Ephyphaniam domini. Decima die mensis januarii, pontificatus
sanctissimi patris domini Bonifacii pape octavi anno quinto. Nos Jacob de
Normannis archydiaconus Narbonensis, Johannes de Villa Gardena cantor
Remensis, Johannes dictus Felix canonicus Laudunensis, Petrus de Hermon-

divilla archydyaconus in ecclesia Cathalaunensi, Droco de Cantumerula Laudunensis et Petrus de Alvernia Cathalaunensis ecclesiarum canonici, arbitri, arbitratores seu amicales compositores a reverendo in Christo patre domino Johanne dei gratia Cathalaunensi episcopo, et venerabilibus viris decano et capitulo Cathalaunensis ecclesie super omnibus questionibus, querelis, controversiis, injuriis et violenciis que inter eos ad invicem vertebantur, communiter constituti. Prout in quodam instrumento publico sigillato sigillis ipsorum reverendi patris, decani et capituli predictorum, una cum subscriptione Anthonii Sici de Vercellis clerici, apostolica et imperiali auctoritate publici notarii, plenius continetur : Quod sic incipit « In nomine, etc. [jusqu'à *materia questionis, et cetera* : voir les guillemets et la pièce précédente] et sic terminatur : « *acta sunt hec in*, etc. [jusqu'à la fin, voir les guillemets et la pièce précédente]. Considerantes quantum periculosum existat et Deo contrarium : quantave incommoda et dampna super hoc in preteritis retroactis temporibus episcopi Cathalaunensis ecclesie evenerunt ex quo devotionis substractio populi et divini cultus diminutio ac etiam pericula animarum evenisse noscuntur. Ne hujusmodi questiones, controversie, injurie seu violantie redire valeant in irrecidive scrupulum questionis super ipsis deliberatione provida ex arbitraria potestate in modum qui sequitur, duximus communiter ordinandum.

I. DE CLAUSTRO.

(Tous les titres et les grandes lettres sont à l'encre rouge.)

At primo super articulo de jurisdictione temporali et spirituali in claustro Cathalaunensis ecclesie declarando, ordinamus, determinamus et etiam diffinimus ut ipsa jurisdictio temporalis et spiritualis in claustro predicto secundum clausuram portarum et murorum ambitum ad decanum et capitulum Cathalaunensis ecclesie tantum et in solidum et pleno jure pertineat, salvo jure curati sancte Trinitatis quod ratione cure habere dicitur et consuevit habere in certis personis in claustro commorantibus supradicto. De domibus autem que sunt in circumferentia claustri, que ad viam publicam habent ingressum et egressum nichil ad presens ordinamus.

II. DE JURISDICTIONE IN CAPELLANIS.

De jurisdictione vero in capellanos, vicarios et clericos alios qui de choro Cathalaunensis ecclesie existunt et esse contigerit in futurum, necnon in canonicos ecclesie sancte Trinitatis et beate Marie in Vallibus ad decanum et capitulum Cathalaunensis ecclesie tantum et in solidum et pleno iure pertineat ubicumque morantur, etiam si in juridictione temporali et spirituali domini episcopi Cathalaunensis habitant, contrahant vel delinquant. Ita quod si in presenti delicto quocumque vel alias eos a ministeralibus domini episcopi capi contingat, ad petitionem decani et capituli, restituantur eisdem pro justicia facienda.

III. DE JURISDICTIONE SERVIENTIBUS PROPRIIS.

De jurisdictione vero servientium propriorum decani et capituli qui eis in domibus quos inhabitant et inhabitabunt continue serviunt suis sumptibus et

expensis : necnon et de quinque communibus servientibus, videlicet furnerio, barberio et tribus aliis qui in ecclesia et claustro eorum deserviunt
et de septem servientibus liberos quam jurisdictionem decanus et capitulum
ad se pertinere dicebant ex privilegiis eisdem concessis et antiqua consuetudine observata que per testes plene videbatur esse probata, illud idem
observabitur decano et capitulo et decernimus observari. Quod de capellanis, vicariis, clericis et aliis superius ut expressum. Hoc excepto quod
si in presenti delicto tali videlicet quod capitalem mutilationis membri
vel carceris perpetui penam requirat et a ministerialibus domini episcopi in
jurisdictione ipsius temporali fuerint deprehensi et capti ad jurisdictionem
domini episcopi pertinebunt. Si vero ab ipso capto se captum in presenti
delicto negetur, ad ipsos capientes hujusmodi captionis in presenti delicto probatis per testes ydoneos pertinebit. Ita quod si hoc a tempore
requisitionis per unius diei spacium probare non poterunt quam proba-
tionem presente gente capituli fieri ordinamus, captus restituatur decano
et capitulo supradictis custodiendus, donec de hujusmodi captione coram
ipsis fides fiat ; qua facta ipse captus justicie domini episcopi relinquatur. Et
hoc si de die hujusmodi captionem evenire contingat, si vero de nocte hujusmodi captio fiat, stabitur juramento capientum, seu etiam capientis si alia
adminicula suffragentur. Hoc autem intelligimus, non ut propter hoc delictum
intelligemus esse probatum, sed ut restitutio facienda decano et capitulo
locum non habeat. Item ordinamus et duximus observandum si tale delictum de quo superius est expressum notorie in jurisdictione domini episcopi
commississent et ex postfacto a ministerialibus domini episcopi capian-
tur antequam per decanum et capitulum. Idem dominus episcopus in captione hujusmodi sit preventus, hoc salvo quod ex quo in presenti delicto
hujusmodi capitur et factum negetur notorium, ipse captus statim reddatur
decano et capitulo custodiendus, donec de facto notorio coram ipsis decano
et capitulo fides fiat. Qua facta justicie domini [episcopi] relinquatur alias
penes justitiam decani et capituli dimittatur.

IV. DE DOMIBUS PREDICTORUM.

De jurisdictione vero domorum quas omnes supradicti inhabitant et
inhabitabunt pro tempore, ordinamus ut quantum ad personas et res mo-
biles ipsorum tum ibidem consistentium a jurisdictione domini episcopi fuit
exempte penitus et immunes : exceptis casibus superius nominatis quantum ad laicos servientes et ad decanum et capitulum pertineat jurisdictio
earumdem. Ita quod si post mortem talium vel fugam clericorum ecclesie
Cathalaunensis et aliarum ecclesiarum [mot gratté] de quibus supradictum ut, in casu in quo bona ipsa fuerint capienda, et ipsis decano et capitulo confiscanda, ad domos predictas ipsi decanus et capitulum custodes
ad custodiendum et consignandum bona ipsorum ne distrahantur, mittere valeant, donec baillivius vel prepositus domini Cathalaunensis episcopi a decano
et capitulo requisiti aliquem de servientibus suis mitterat [sic], sine aliqua
cause cognitione ad videndum expletam et distractionem bonorum hujusmodi per ministeriales decani et capituli seu per ipsos decanum et capitulum faciendam. Quod si baillivus vel prepositus requisiti id facere ne-
gligant, vel dolose differant, vel obmittant, liceat decano et capitulo bona
hujusmodi facere distrahi ac etiam expletari.

V. DE CAPTIONE BONORUM SERVIENTIUM PREDICTORUM.

DE captione autem et confiscatione bonorum servientium liberorum et aliorum laïcorum , si in juridictione domini Cathalaunensis episcopi existant , ipsorum captio et confiscatio in casibus nominatis videlicet mortis vel fuge ad illum pertineat ad quem de jure vel consuetudine pertinere debebit. In aliis autem casibus in ipsos capellanos , vicarios , clericos et servientes predictos et bona ipsorum sine requisitione baillivi et propositi in predictis domibus suam justiciam decanus et capitulum valeant excercere [sic].

VI. DE IMMUNITATE SERVIENTIUM.

DICTOS autem servientes communes et proprios ac liberos illa immunitate ab omnibus exactionibus et functionibus publicis ville seu civitatis Cathalaunensis gaudere ordinamus et decernimus que continetur in privilegiis decano et capitulo ab apostolica sede vel aliis litteris autenticis concessis.

VII. DE JURISDICTIONE BEATE MARIE ET ALIORUM.

DE jurisdictione vero spirituali in ecclesia beate Marie in Vallibus et quatuor parochiis ipsius, videlicet sanctorum Lupi , Margarete, Elegii, Antonii et aliis ecclesiis capellis et appendiciis earumdem sic ordinamus , diffinimus et volumus ut ipsa spiritualis jurisdictio in ecclesia , parochiis , capellis et appendiciis earum , et parochianos [sic] earum ad decanum et capitulum pertineat pleno jure. Ita quod dictus Cathalaunensis episcopus nullam hujusmodi jurisdictionem in eis valeat excercere. Clericos autem beneficiatos et alios clericaliter viventes dicte jurisdictionis et bona ipsorum decano et capitulo in ipsa capere liceat.

VIII. DE CLERICIS VERO CONJUGATIS.

DE clericis vero conjugatis et negociatoribus et bonis eorum illud in predicto can.... facere liceat quod jus dictat vel consuetudo p... generalis. Ea vero que episcopalis ordinis executionem desiderant in dicta ecclesia et parochiis supradictis a domino Cathalaunensi episcopo ad peticionem tantum decani et capituli impendentur. Si ea sine pravitate et sumptu aliquo impendere voluerit , et hoc petere ab ipso domino episcopo, decanum et capitulum teneant. Si predicto modo dictus dominus episcopus impendere voluerit alioquin a quo maluerint , episcopo duntaxat catholico et gratiam sedis apostolice habente ea petere valeant sive possint.

IX. DE CONFIRMATIONE DECANI.

DE confirmatione vero decani Cathalaunensis ecclesie ab ipso petenda vel non petenda , id ordinamus observandum per capitulum supradictum quod ab eis hactenus super hoc existit observandum. De cura vero animarum quam idem decanus Cathalaunensis ecclesie gerere dicitur, propter animarum periculum evitandum ordinamus et diffinimus ut ipsam curam animarum illam dumtaxat que in absolvendo et ligando in sigillo penitencie seu in foro anime consistit et que de jure et consuetudine potest et debet ad Cathalaunensem episcopum pertinere ab ipso episcopo recipere teneatur, et idem episcopus postquam dictus decanus a capitulo electus fuerit sine examinatione persone et electionis ipsius impendere teneatur.

X. DE HOSPITALI SANCTI STEPHANI.

HOSPITALE vero Sancti Stephani quod est situm ante portam claustri juxta viam publicam quantum ad administrationem spiritualium et temporalium et institutionem personarum in ipso et jurisdictionem omnimodam pleno jure ordinamus declarando ad decanum et capitulum ecclesie Cathalaunensis pertinere.

XI. DE ROOMGNON.

DE terra vero de Roomgnon sita in civitate Cathalaunensi que terra clericorum vulgariter appelatur, ordinamus ut jurisdictio spiritualis ac etiam temporalis alta et bassa in ea ad decanum et capitulum ecclesie Cathalaunensis pertineat tantum et in solidum.

XII. DE ALODIIS.

DE terra vero alodiorum de Poingneyo ordinamus quod omnimoda jurisdictio temporalis alta et bassa ad decanum et capitulum pertineat tantum et insolidum; excepta jurisdictione seu cognitione de fundo terre quod de Roya terra communiter appelatur quam declarando dicto domino episcopo reservamus donec ad alterum judicium producatur.

XIII. DE LEPROSARIA SANCTI JACOBI.

DE leprosaria autem sancti Jacobi ordinamus et diffinimus quantum ad institutionem capellani et aliorum religiosorum in ea tantum ad dominum episcopum pertinere. Ita videlicet quod dictus capellanus aliis quam infirmis et conversis in ea ecclesiastica sacramenta non ministret. Si alii, ipsa sacramenta in sua parrochia videlicet Sancti Lupi dicitur recipere teneantur.

XIV. DE LIBERTATE SERVIENTIUM.

SUPER articulo autem communium de immunitate et libertate servientium communium liberorum ac etiam aliorumve per ordinationem nostram et compositionem presentem domino episcopo esse valeat dampnosum vel etiam captosum, ordinamus quod si contingat decanum et capitulum hujusmodi servientes liberos et communes ac etiam proprios de conditione servili episcopi vel episcopatûs Cathalaunensis recipere in hiis que conditionis servilis existunt seu in jure quod ex hujusmodi conditione ad dictum episcopum pertinet, in nullo penitus juri episcopi derogetur. Salvo privilegio quod decano et capitulo predictis super eorum furnerio est concessum.

XV. DE MANUMISSIONE DOMINUM EPISCOPATUS.

DE manumissione servorum seu hominum de corpore episcopatûs Cathalaunensis facienda per dominum episcopum supradictum cum consensu decani et capituli vel sine consensu ipsorum, illud ordinamus et decernimus observandum quod in hoc casu de jure fuerit faciendum.

XVI. DE SACRARIO ET DOMIBUS.

De immuninate et libertate sacrarii et platea que infra licias sita est et domorum ibidem consistentium juxta ecclesiam Beate Marie in Vallibus, exceptis
quibusdem redditibus quos dominus episcopus et predecessores sui consue-
verunt recipere ab antiquo infra licias supradictas, quos redditus domino
episcopo reservavimus sine exercicio jurisdictionis, declaramus et decernimus ut dicta loca immunitate ecclesiastica gaudeant ac etiam libertate. De
tribus vero domibus que in capite dicti sacrarii site dicuntur vel sunt, et ad
viam publicam habent egressum, remaneant de jurisdictione domini episcopi
temporali nisi in futurum ad opus ecclesie sancte Marie in Vallibus conver-
tantur.

XVII. DE CAPTIS DUCENDIS PER TERRAM EPISCOPI.

De captis autem per ministeriales decani et capituli ducendis per terram
domini episcopi, sic ordinamus quod si tales capti cum armis prohibitis con-
ducantur, gentes decani et capituli seu ipsi decanus et capitulum conduc-
tum et licenciam ab ipso seu ejus ministerialibus petere teneantur. Alios
vero qui taliter non ducantur nulla petita licencia vel conductu per terram
domini episcopi ad suos carceres ducere valeant sive possint.

DE DOMIBUS CANONICORUM EXTRA CLAUSTRUM.

De domibus autem quas canonici sancti Stephani inhabitant extra claustrum vel in futurum habitare continget, ea ordinamus et diffinimus libertate
et immunitate gaudere quandiu eas inhabitabunt, qua gauderent si in claustro sancti Stephani Cathalaunensis essent site. Decet enim ut sicut iidem
canonici [prioris] honoris prerogativa locantur sic et ipsi et domus quas inhabitant majori gaudeant libertate. Per hanc autem ordinationem juri reddi-
tuum et proventuum alterutri parti debitorum non intendimus in aliquo de-
rogare nisi quatinus per eorum privilegia eisdem partibus concessa ipsis fue
rit derogatum. De injuriis autem, dampnis, expensis, et interesse quibuslibet et emendis prestandis ab alterutra partium alteri hoc ordinamus, et diffinimus ut prestita manuali emenda ab alterutra parte alteri predicte injurie,
dampna, expense et interesse ab altera parte parti alteri remittantur, quam
sibi ad invicem facere teneantur. Et quod alterutra pars ab altera pro premissis aliquid petere non valeant in futurum; sed omnis actio ex predictis
totaliter sit extincta, ut inter eas caritas et sincera dilectio eo amplius auctore domino suscipiat incrementum. Presentes autem litteras duximus sigillorum nostrorum appensione muniri, in testimonium premissorum. Datum
anno, die et indictione predictis.

––––––––––

RUBRICA, CONFIRMATIO SENTENCIE ARBITRALIS A JUDICIBUS
EX RETENTA VERBI JUDICIARIA POTESTATE.

In nomine patris et filii et spiritus sancti, amen. Anno Domini m° cc°
nonagesimo nono, indictione tercia decima, die lune post festum Epiphanie
Domini, undecima die mensis Januarii. Pontificatus sanctissimi patris Domini
Bonifacii pape octavi anno. Nos Johannes de Villa Gardana, cantor Remensis,
Jacobus de Normannis, Narbonensis archdiaconus, judices seu executores

114

super causa que vertebatur inter reverendum in Christo dominum patrem dei gratia Cathalaunensem episcopum ex una parte , et venerabiles viros decanum et capitulum ecclesie Cathalaunensis ex altera, una cum venerabili viro magistro Matheo de Granceyo cantore Belvacensi , a sede apostolica deputati ; necnon Johannes dictus Felix canonicus Laudunensis subdelegatus a cantore Belvacense predicto in causa superius nominata. Judiciaria auctoritate predicta, ordinationem, expositionem seu diffinitionem predictas per nos et alios videlicet venerabiles viros magistros Petrum de Hermundivilla archidiaconum Joinville in Cathalaunense ecclesia , Petrum de Alvernia Cathalaunensis et Droconem de Cantumerula Laudunensis ecclesiarum canonicos , coarbitros nostros super hoc de communi consensu partium deputatos, prolatas et sentencialiter diffinitas sub eisdem modo et forma que in arbitrali sentencia seu diffinitione et ordinatione premissis plenius continetur.

Que sic incipit : [*répétition de la pièce précédente*]. Seorsum et separatim a coarbitris supradictis, pronunciamus , decernimus ac diffinimus et ipsam auctoritate apostolica nobis in hac parte commissa prout in litteris apostolicis nobis directis plenius continetur, mandamus a partibus supradictis perpetuo et inviolabiliter observari. Proferentes auctoritate eadem in hiis scriptis excommunicationis , suspentionis et interdicti sentencias in illum seu illos ex partibus memoratis , qui contra ordinationem, compositionem, diffinitionem vel concordiam supradictas, per se , vel per alium publice vel occulte, quoquomodo et quantumcumque venire contigerit in futurum ; necnon in omnes alios et singulos cujuscumque conditionis, ordinis, dignitatis et status existant qui in hoc prestarent seu prestabunt consilium vel favorem ut contra ordinationem , compositionem , diffinitionem et concordiam aliquid attemptetur : prohibentes nichilominus partibus supradictis ut altera alteram super juridictionibus in predicta ordinatione seu sentencia arbitrali distincta ac etiam declarata et aliis controverciis, questionibus et querelis sentencialiter diffinita , nullatenus inquietet imposterum nec molestet. Quod si contrarium ab alterutra partium ausu temerario fuerit attemptatum in ipsam et omnes alios et singulos eidem parti quantum ad hoc prestantes auxilium , consilium et favorem per se , vel per alium publice vel occulte cujuscumque status , ordinis seu conditionis existant , suspentionis, excommunicationis et interdicti sentencias in hiis scriptis ferimus ut prius. Predictas autem sentencias ipsas partes et alios de quibus superius est expressum incurrere voluimus et intelligimus ; si scienter vel ignoranter contra premissam ordinationem et diffinitionem venire temptaverint, et ammoniti a parte altera seu etiam requisiti post dilationem congruam juxta facti qualitatem ab eadem parte requirente , prout justum fuerit prefigendam corrigere contempserint vel negligerint quod contra predictam ordinationem et diffinitionem fecerit attemptatum. In cujus rei testimonium et ad perpetuam futurorum memoriam prononciationem et diffinitionem predictas superius contentas sigillorum nostrorum fecimus appentione muniri. Datum ut supra.

III.

CARTULAIRE DE L'ÉVÊCHÉ.

I. *Copie des pièces du petit Cartulaire de Saint-Étienne relatives à la querelle de l'évêque Jean de Chateauvilain et des chanoines (1295-1300).*

II. *Terres et seigneuries tenues en fief et homaige de M^r l'Évêque de Châlons, à cause de son évêché, comté-pairie et berrir dudict. (Écriture du xve siècle.)*

Le temporel des quatre archidiaconés de l'église cathédrale.

Le temporel du doïenné.

Le temporel de la thrésorie de ladite église, tous lesquels sont pairs ecclésiastiques de l'évêché.

Le vidasme de Châlons est le premier baron dudit conté.

Le baron de Cernon, le deuxième.

Le baron de Conflans, le troisième.

Le chastelain de Sommevelle, le quatrième.

Le chastelain de Baye, le cinquième.

Le chastelain de Faignières, le sixième.

Tous sont vassaux liges et pairs laïcs dudit conté-paierie.

Moncetz-lez-Sarry, et Marne.

Chepi et la rivière de ladite Marne, au-dessus de Thogni.

Saint-Germain-la-Ville et la Marne.

Vesigneul-sur-Marne avec le chastel, et la rivière de Marne.

Les alleux de Pongni et le guet (que) tient St-Pierre-aux-Monts, Chaippes, Faulx, Songni et Glacourt, Saint-Martin-des-Champs, Méri, Couppel, la Bardole, Ecury-sur-Coole, en partie, le reste au vidasme tenu en arrière-fief dudit conté.

Nuisement en partie, le reste en arrière-fief.

Saint-Quentin,   *idem*,   *idem*.

Bussy-les-Laistrés, en plein fief.

Poix en partie, le surplus an vidasme en arrière-fief.

Bouteillerie au marché de Châlons, les deux quarts du franc étal audit marché en plein fief.

Saint-Pierre-le-Vilier, en plein fief.

Thibie que tient chapitre admorty.

Mathougues et Delez en partie plein fief.

Cent sols sur la bourse de l'éveschê.

Saint-Martin-sur-le-Pré, Vignetz, Juvigny en partie, le reste en arrière-fief.

Jaalons que tient chapitre admorty.

Cherville, Melette, Esternay et Mondelin, Fron entières, Maultreux, Tannel, Cherrevy, Villevenart, Montaimé, Foches, Courgenet, Lalin, ... de Courfelix, le Lori, les Aulnois, Saint-Laurent-les-Coolus, Coolus, Compertrix que tient l'abbaye de Saint-Pierre.

Les Charmeneux,

L'abbaye d'Andecy admorty.

L'abbaye du Reclus admorty.

Revigny.

III. *Plaintes des chanoines à cause des excès de pouvoir commis par les officiers de l'Évêque.*

Reverendo in Christo patri domino Joanni Dei gratia suo Cathalaunensi Episcopo, ejus humiles et devoti filii decanus et capitulum Cathalaunensis ecclesie reverantiam debitam et devotionem. Quoniam pater reverende nos qui ecclesiam nostram, personas, jura et bona ecclesie nostre et nostra servare, custodire et defendere tenemini sicut pastor bonus, per vos et ministeriales vestros gravamina gravaminibus accumulantes, nos ecclesiam nostram, libertates, jura et bona nostra et ecclesie nostre multipliciter impugnastis ac etiam impugnatis, statum esset sic et ab antiquo fuerit notorium et manifestum Cathalauni habere claustrum liberum et esse in possessione vel quasi habendi et exercendi ibidem omni modo juridictionem temporalem et ecclesiasticam, nec non ecclesiam beate Marie in Vallibus Cathalauni cum altaribus, pertinentiis et parrochia ad nos pertinere liberam et quitam ab omni dominio vestro per sedem apostolicam nobis confirmatam. Nosque esse et fuisse etiam a tempore, de cujus contrario memoria non existet, in possessione vel quasi habendi et exercendi omnimodam juridictionem ecclesiasticam in eamdem ecclesiam, pertinencias et parrochiam ejus et habitantes in eis, liberam et exemptam de consuetudine et privilegio apostolico a juridictione et dominio vestris, et ad audientiam nostram pervenisset quod Petrus dictus Biffes in juridictione nostra ecclesiastica perdicta commorans et de ipsa juridictione tum temporis existens, esset falsitatis crimine irreticus, et per officialem nostrum captus et similiter condempnatus, contra quem volebamus producere et in eum animadvertere prout ad nostrum officium pertinebat, justicia suadente ipsum suis culpis exigentibus puniendo; quamdam scalam in claustro nostro predicto quam feceramus erigi, et jam diu habueramus erectam ante portale ecclesie nostre infra immunitatem ejusdem ecclesie ut pena dicti malefactoris omnibus innotesceret, ut dicebat secundum consuetudinem curiarum ecclesiasticarum Cathalaunensium; Johannes Gossin nuper prepositus vester cum quibusdam complicibus ejus armatis ad claustrum predictum attendens, dictam scalam ad terram projecit et de claustro predicto extraxit et ad domum vestram extra claustrum postari fuit et in curia dicte domus vestre eam fecit erigi contra voluntatem nostram, nos et claustrum predictum dicta scala violenter spoliendo et immunitatem ecclesie nostre predicte temere infringendo, quam etiam adhuc detinet aut dolo desiit detinere. Nos in possessione juridictionis dicti claustri ordinarie temere perturbando, aut possessionem executionis dicte juridictionis nostre predicti parrochiatus de Vallibus impediendo indebite et injuste.

Item. Ministeriales vestri Gobinum de Metis, clericum, exeuntem de ecclesia nostra in dicto claustro infra immun... .n ecclesie ceperunt et quemdam laycum, Renaudum dictum le Caritat, et de claustro violenter et indebite eosdem extraxerunt et in prisionem ad domum vestram duxerunt. Nos in possessione juridictionis dicti claustri temere perturbando et vobis indebite usurpando.

Item. Ministeriales vestri quemdam Johannem dictum Hobele, qui ad refugium venerat in dicto claustro pro timore creditorum, ceperunt et violenter de dicto claustro extraxerunt et ad domum vestram in prisionem duxerunt, qui nec nobis reddere , nec locum ressaisire voluerunt pluries super hoc requisiti. Nos in possessione dicte juridictionis indebite et injuste perturbando.

Item. Licet domus sancti Lazari sita sit in predicto parrochiatu de Vallibus et sit de juridictione nostra predicta , et commorantes in eadem domo , ministeriales vestri magistrum dicte domus religiosum et in habitu religioso commorantem in predicta domo , in juridictione nostra ecclesiastica, silicet juxta portam sancti Jacobi ceperunt : et ad domum vestram in prisionem duxerunt minus juste, nec nobis reddere voluerunt pluries super hoc requisiti , nos in possessione juridictionis predicte indebite perturbando et vobis temere usurpando. *Item* cum essemus in possessione tenendi placita nostre juridictionis ordinarie et exercendi eamdem in sacrario ecclesie Beate Marie sive loco qui sacrarium appelatur , quia propter quamplurimas invasiones , lapiditiones , fractiones dicte ecclesie detestabiles et claustri ejusdem ecclesie Beate Marie in Vallibus dissipationes et combustiones sedium curie nostre ecclesiastice quam in dicto claustro ab antiquo tenere consueveramus , nec non horribiles invasiones in dicta ecclesia officialis nostris archydiaconorum ecclesie nostre et canonicorum , ac vulnerationes et verberationes capellanorum et clericorum dicte ecclesie nostre die cujusdam placiti bannalis quod officialis noster secundum consuetudinem curie nostre ecclesiastice in dicta ecclesia Beate Marie volebat tenere , nequiter a civibus Cathalaunensibus dei timore postposito perpetratas non absque consensu et premissu gentium vestrarum prout fama publica tunc et nunc et rei eventus firmiter docuerunt firmatis claustro et ecclesia predictis propter hujusmodi violationem ecclesie Beate Marie predicte placita nostra juridictionis nostre ordinarie in dicto sacrario teneri faciebamus quod sacrarium juxta ecclesiam Beate Marie predictam situm est et de pertinenciis ejusdem. In quo quidem sacrario longo tempore tenendi dicta placita in possessione pacifice fueramus. Verumptamen ministeriales vestri nos multipliciter in dicta possessione temere perturbarunt et finaliter spoliarunt. Nam quadam die post dictas turbationes cum dictus officialis noster vellet tenere placita sua in dicto sacrario ut consueverat, ballivius vester, congregata magna multitudine populi , sacrarium predictum adeo occupavit in dei et libertatis ecclesiastice injuriam et nostri . . . . . placita sua sanguinis. . . . . que impedivit officialem nostrum volentem cum quibusdam concanonicis nostris , capellanis et clericis in habitu ecclesiastice dictum sacrarium ingredi et ipsos cum clamore populi et tumultu magno quasi malefactores essent a dicto sacrario valiter repulit ; nos in possessione nostra non solum perturbando imò ea nos penitus spoliando.

Item. Cum essemus et adhuc sumus in possessione vel quasi exercendi omnimodam juridictionem temporalem in banno nostro de Roignon a tanto tempore a quo memoria non existit, quitam, distinctam et liberam ab omni vestro dominio et juridictione vestra, et hoc sit notorium Cathalauni et fuit a dicto tempore ac etiam manifestum adeoque non possit aliqua tergiversatione celare. Tamen Johannes de Vasseyo tunc temporis ballivius vester cum magna multitudine hominum vel servientium armatorum bannum predictum de Roignon fregit et saisivit de facto custodesque in domo maioris nostri et in quadam alia imposuit , Johannemque dictum Validire tenentem locum prepositi nostri in dicto banno cepit et captum injuriose tractavit et de dicto banno violenter extraxit et ad domum vestram in

118

prisionem duxit et ipsum inibi in capedibus ferreis vilissimo carceri mancipavit, detinuit et detineri fecit per multum tempus in nostri injuriam, dampnum non modicum et gravamen, licet Guido bone memorie quondam episcopus Cathalaunensis suis litteris declaravit non licere ministerialibus suis in dicta terra hominem capere, pignus violenter accipere, nec aliquam violentiam facere, silicet solis canonicis ecclesie beati Stephani.

Item. Cum essemus et adhuc sumus in possessione vel quasi exercendi juridictionem omnimodam temporalem et spiritualem exemptam de usu et consuetudine ecclesie nostre ab omni juridictione vestra in servientes nostros et ecclesie nostre tam proprios qui in domibus nostris nobis servient quam communes et intra familias eorumdem nec non et libertatis antique dictorum servientium, ut sint ab omnibus coustumiis, talliis civitatis et exactione quacumque liberi et immunes tam de consuetudine observata in ecclesia nostra et aliis ecclesiis cathedralibus Remensis provincie, et fuissemus a tanto tempore a quo memoria non existit, et ex speciali consuetudine ecclesie nostre quam privilegio sedis apostolice, et hoc sit notorium a dicto tempore ac etiam manifestum; ministeriales vestre laicalis justicie servientem magistri Stephani de Cathalaunis concanonici nostri ducentem equum suum ad aquam ceperunt et in prisionem duxerunt ad domum vestram, nec nobis reddere voluerunt. Immo ipsum ligatis pedibus et manibus in quadriga quasi dampnatum ad mortem palam, et publice per civitatem Cathalaunensem apud Sarreyum extra civitatem eumdem duxerunt, et in fovea deputata ad mortis supplicium condempnatis ipsum inhumaniter detruserunt et afflixerunt cum gravi et enormi et incurabili corporis ipsius lesione in contemptum dicti concanonici nostri et ecclesie nostre ac nostri injuriam non modicam, et per sex septimanas et amplius detinuerunt ipsum dicto carceri mancipatum, et adhuc detinent nisi dolo desierint detinere; in nostra possessione nos temere perturbantes.

Item. Oudinetus de Parisiis et Coleconnus de Faveresse servientes prepositi vestri in domibus liberorum servientium nostrorum communium et ecclesie, silicet Johannis Barbiconforis nostri, et Petri Furnerii et Johannis e Acelini Janitorum claustri et ecclesie nostre custodum et servientum, ceperunt seu capi fecerunt vestes, potos et alia bona et de predictis domibus violenter extraxerunt seu extrati fecerunt, dictas domos indebite et injuste dissaisientes de eisdem; que bona nobis reddere noluerunt ministeriales vestri licet super hoc a nobis fuerint pluries requisiti. Immo ea adhuc detinent seu detineri faciunt indebite aut dolo desierunt detinere.

Item. Johannem dictum Demi Sagne liberum servientem nostrum communem et Johannem filium Haymardi le Sagne lieri nostri servientes tunc temporis in ejus potestate existentem ministeriales vestri ceperunt seu capi fecerunt et ad domum vestram Cathalaunensem in prisionem duxerunt, et ex inde extra civitatem eamdem apud Sarreyum ducentes eosdem, ipsos inibi clauso et vili carceri manciparunt, et longo tempore tenuerunt eosdem dicto carceri mancipatos; licet essent et adhuc sint persone divites et honeste. Et tandem vi carceris centum libras turonenses a quolibet extorxerunt. Que omnia et singula a vestris ministerialibus predictis not et manifeste temere attemptata nomine vestro, volusque eo rata habentibus atque grata facta sunt ac attemptata, et redundant in nostram et ecclesie Dei injuriam, dampnum non modicum, dedecus et gravamen, et possessionem, jurium nostrorum turbationem nec non lesionem enor-

mem. Ex quibus causis vos, reverende pater, requisivimus et monuimus
ad domum vestram Cathalaunensem competentes secundum ecclesie nostre
morem, ut predicta omnia et singula nobis faceretis emendari et dampna
resarciri : et ad plenum nobis de hiis omnibus et eorum quobus satisfieri
competentes, et ab inquietatione turbatarum nostrarum possessionum vel
quasi cessareque facere non curastis et ob hoc ex predictis causis vel hiis
que sufficient de premissis intendimus contra vos cessare a divinis, et
cessationem contra vos aggravare quando et prout nobis videbitur expedire secundum ecclesie nostre consuetudinem et statuta, que omnia et
singula Revende paternitati vestre significamus per presentes. Et ne, reverende pater, contra nos, ecclesiam nostram, privilegia, jura, libertates,
personas et bona nostra ac hominum nostrorum et cessationem nostram
predictam per vos aut ministeriales vestros aliquid attemptetis seu facia-
tis, quod sit in nostris prejudicium aut gravamen aut cessationis predicte,
ad sedem apostolicam in hiis scriptis contra vos provocamus et appella-
mus. Nos ecclesiam nostram, privilegia, jura, libertates, personas et
bona nostra et hominum nostrorum, ac cessationem nostram predictam
protectioni dicte sedis apponentes, et apostolos cum instantia petimus nobis dari et comedi. In quorum testimonium et munimen sigillum nostrum presentibus litteris diximus apponendum; datum anno domini millesimo ducentesimo nonogesimo quinto, die mercurii in vigilia sancti Mi-
chaelis.

IV. *Accord entre le chapitre de Saint-Étienne et l'évêque, du qua-*
trième jour de mars, avant la fête de saint Luc, évangéliste
(1284).

Cet accord fut conclu parce que l'évêque prétendait avoir la garde de l'é-
glise, et le chapitre le reconnaissait en soutenant que cette garde devait être
aux frais dudit évêque, tandis que l'évêque maintenait le contraire ; pour quelques maisons du chapitre sises entre les limites de leur ban et celles de la
justice de l'évêché, le chapitre soutenant que ces maisons étaient libres
des *prestationibus* communes à la ville et exemptes de la justice temporelle dudit évêque, et autres sujets. Furent choisis comme arbitres l'archidiacre Pierre de Joinville et le chanoine Gérard de Marle. Ceux-ci étudiè-
rent la question et décidèrent d'abord que le doyen et un des chanoines,
au nom du chapitre, diraient à l'évêque : « Reverende pater et domine, si
« per aliqua dicta vel facta usque in diem hodiernum offendimus vos, sup-
« plico vobis, flexis genibus, et nomine meo et totius capituli hic presentis,
« et supplicant omnes de capitulo quod offensam vestram remittatis et
« nobis indulgeatis. Et si per ea ad aliquam emendam vobis teneamur,
« ego nomine meo et tocius capituli, emendo ; sicque ad restitutionem ali-
« quam nomine dampnorum vel alia ratione vobis tenemur, ego nomine
« meo et tocius capituli de vobis pignus hunc annulum aureum quem pro-
« mitto facere equivalentum ad ordinationem compromissariorum super
« nos electorum. » Et l'évêque dut dire ceci ; « Dilecti filii si per aliqua
« dicta vel facta usque in diem hodiernum offendimus vos supplicamus
« vobis quod offensam vestram remittatis et nobis indulgeatis et si per
« ea ad aliquam emendam vobis teneamur, nos vobis emendamus ; sic-
« que ad restitutionem aliquam nomine dampnorum vel alia ratione

« vobis tenemur nos damus vobis in pignus hunc annulum aureum quem
« promittimus facere equivalentum ad ordinationem compromissariorum
« super hoc electorum. » Puis ils résolurent ainsi la question de garde :
Item. Pronunciamus et ordinamus super modo gardie faciende ab domino
« ipso episcopo et successoribus suis quod idem dominus episcopus et
« ejus sui successores episcopi Cathalaunenses qui pro tempore erunt dictam
« gardiam in minoribus casibus facient per litteras suas vel per servientes
« eorum vel per regis servientes quos ad hoc vocare tenebuntur et mittere
« bona fide prout qualitas negocii requiret, ipsorum decani et capituli
« sumptibus et expensis, si autem facti seu casus enormitas in atrocem in-
« juriam Cathalaunensis ecclesie seu capituli vergetur : gardiabit idem do-
« minus episcopus et gardiabunt successores ipsius sicut boni et legitimi
« gardiani. »

Sur la question des maisons, les arbitres ordonnèrent que la maison où
habite Clémens de Dictimeyo, celle de Massuellus, la demi-maison Adi-
cnon *versus portam claustri*, celle *qui tenentur Scole*, celle d'Oudetus
Barbiconfer, celle dite *Auperior*, celle dite *Auprael, grangia capituli in
qua venduntur lane*, la maison dite *Damiete*, celle du seigneur Jacob *semi-
canonicus*, celle du seigneur de Autreyo, celle où demeure l'archidiacre
de Joinville, seront libres et franches des impôts communs de la ville ; mais
la justice temporelle en reste à l'évêque.

Mais aussi l'évêque paiera 3,000 livres tournois au chapitre pour être
employés au gré du doyen dans l'église, et à l'avenir le chapitre perce-
vra dans les fiefs et arrières-fiefs mouvant de l'évêché jusqu'à cent livres
tournois par an, sans avoir à payer aucun droit de 5 deniers, de 8ᵉ, etc.,
à l'évêque.

V. *Cens dû par le chapitre pour le cloître.*

Universis presentes litteras inspecturis, officiales curiarum Maioris,
Joinville, Stadiensis et Virtutis archidiaconorum in ecclesia Cathalaunensi, salutem in domino. Noveritis nos anno domini Mᵒ CCᵒ LXXᵒ quinto,
feria sexta post Nativitatem beate Marie virginis, litteras infra scriptas
non rasas, non abolitas, nec in aliqua sui parte viciatas sigillo capituli Cathalaunensis sigillatas prout prima facie apparebat, vidisse et diligenter
inspexisse in hec verba : Universis presentes litteras inspecturis G. decanus,
totumque capitulum Cathalaunense salutem in domino, noveritis, quod
nos in recompensationem juris et justicie quod et quam habebat reverendus pater ac dominus noster Dei gratia Cathalaunensis episcopus infra
fines claustri antequam nobis idem jus ac ipsam justiciam concessisset, as-
signavimus ac etiam assignamus eidem episcopo ejusque successoribus
perpetuo centum solidorum annui redditus de communitate nostre ecclesie
singulis annis capiendos ; quos promittimus soluturos ipsi episcopo et ejus
successoribus vel ejus seu eorum mandato ad terminos statutos. Videlicet
quinquaginta solidos in festo beati Remigii in capite octobris, et aliis
quinquaginta solidos in Pascha domini sequenti. In cujus rei testimonio
presentes litteras sigillo capituli nostri fecimus roborari. Actum anno domini Mᵒ CCᵒ LXᵒ, primo mense novembris. In cujus visionis testimonium
presentibus litteris sigilla dictarum curiarum duximus apponenda, data
anno et die predictis.

VI. *Formule du serment prononcé par l'évêque.*

Ego Petrus [de Hans] Cathalaunensis episcopus, juro ad sancta Dei evangelia quod ego jura et libertates et consuetudines approbatas episcopatûs et capituli Cathalaunensium pro posse meo fideliter observabo.

VII. 8 *mars* 1326. — Accord entre l'évêque Pierre de Latilly et le chapitre pour la franchise des 12 servants du chapitre, des chanoines, clercs, vicaires et domestiques des chanoines (*liberi a prestatione Juolagii seu Thoragii*). Stipulant que l'évêque et le chapitre auront droits égaux sur la léproserie Saint-Jacques [chapelain, convers, converses, lépreux et lépreuses,] mais que les paroissiens de Saint-Loup seront sous la dépendance du chapitre seul : les francs-servants resteront soumis au minage de l'évêque ; sur ce que le chapitre prétendait les familles de ces douze francs-servants libres de la juridiction épiscopale. « Ita concordatum est inter nos ad invicem, quod uxo-» res eorumdem septem liberorum servientium et quinque communium li-» beri in potestate eorum existentes : et duo famuli sive famula, » seront de la juridiction capitulaire, le reste de ces familles, de la juridiction épiscopale. Le droit de *tholoneum* sera levé par l'évêque pour les lins, fils et cannabis vendus « *extrà non infrà licias* » par les gens du chapitre de Notre-Dame, tous les jours, sauf celui de la Nativité de la Vierge.

VIII. *Fondation de 30 livres de rente à la Cathédrale par l'Évêque P. de Latilly, pour son obit, 1er avril 1326.*

IX. *Élections des échevins.*

Universis presentes litteras inspecturis, nos Simon de Hans decanus ecclesie Cathalaunensis, Petrus de Hermondivilla archidiaconus Joinville in eadem ecclesia Cathalaunensi, frater Petrus, abbas humilis monasterii Omnium Sanctorum et Droco de Cantumerula canonicus Trecensis, salutem in domino. Cum orta esset materia questionis inter reverendum patrem Johannem Dei gratia Cathalaunensem episcopum nomine suo et episcopatûs sui ex una parte, et Johannem dictum Noel et Thomam dictum Scabinum, existentes scabinos dicti reverendi patris in ejusdem episcopi civitate Cathalaunensis, et alios cives dicte civitatis ex altera, super modo faciendi scabinos dicti episcopi in eadem civitate ; ipsis scabinis, et aliis civibus supradictis dicentibus quod cum numerus septem scabinorum consuetus ab antiquo in scabinatu predicto diminuitur morte alicujus scabini, vel alia justa causa, electio instituendorum vel substituendorum loco deficientium scabinorum, necnon nominatio et presentatio sit electorum episcopo Cathalaunensi vel ejus baillivo facienda ; et aliqua alia dictum scabinatum tangentia ad superstites scabinos dicti episcopi pertinebunt et pertinuerant ab antiquo ; ipsis et scabinis et aliis civibus dicentibus ad dictum reverendum patrem pertinere posse et debere compellere per se vel per baillivum suum electos ab ipsis scabinis super litibus eidem reverendo patri vel ejus baillivo sic natos seu et presentatos nomina ejus scabinatus suscipere, eisque juramentum consuetum indicere, et indictum recipere, sic electos, nominatos et juratos per dictum reverendum patrem vel ejus baillivum debere institui in predicto scabinatu. Dicto reverendo patre dicente et assentiente electionem, nominationem et institutionem dictorum scabinorum in dicto scabinatu totaliter ad se ipsum pertinere pleno jure nihil peritatis seu juris dictos scabinos superstites habere in electione et nominatione et creatione deficentium scabinorum

Tandemque post multos tractatus et altercationes habitos inter dictum reverendum patrem ex una parte et predictos scabinos ejusdem episcopi et
alios cives Cathalaunenses ex altera, bonorum et juris peritorum interveniente consilio, dictus episcopus Cathalaunensis reverendus pater nomine suo
et episcopatûs sui ex unâ parte, Jaquitus Champaigne, Jaquirus li Saynes,
Robertus dictus Petit Maires, Johannes dictus Petit Sagnes et Aubricus
dictus Chauffers li veux, procuratores legitime constituti dictorum scabinorum et aliorum civium Cathalaunensium, nomine eorumdem scabinorum et civium ex alterâ parte. Inter alia habentes plenam et liberam
super iis peritatem prout in instrumento super hoc confecto pleniùs continetur, et vidimus contineri, pro bono pacis in nos compromiserint de alto
et basso tanquam in electos ab eisdem partibus arbitros, arbitratores s u
amicabiles compositores. Itaque quicquid vos omnes in unam summam concordantes jure, pace, vel concordia de alto et basso de plano duxerimus ordinandum, arbitrandum seu pronunciandum die feriato vel non feriato ratum
et gratum haberent dictus reverendus pater, scabini et alii cives Cathalaunenses supradicti procuratoresque ipsorum, tenerentque et inviolabiliter
observarent : nosque electi arbitri, arbitratores seu amicabiles compositores
super dicta controversia, recepimus dictum compromissum : Noverint universi quod nos omnes supradicti clerici arbitrator s seu amicabiles compositores in unam summam concordantes canonico bonorum et juris peritorum
concilio forma commissionis et peritatis nobis concesse a partibus diligenter
observata dictam nostram ordinationem, nostram ac pronunciationem nostram
diximus ac dicimus, pronunciavimus ac pronunciamus, sub modo et forma
que sequitur : In nomine dei amen : Nos Symon de Hans decanus ecclesie
Cathalaunensis, Petrus de Hermondivilla archydiaconus Joinville in eadem
ecclesia Cathalaunensi, frater Petrus abbas humilis monasterii Omnium
Sanctorum in insula Cathalaunensi, et Droco de Cantumerula canonicus
Trecensis, omnes supradicti clerici arbitratores seu amicabiles compositores
super questione orta inter reverendum patrem Johannem Dei gratia episcopum Cathalaunensem nomine suo et sui episcopatûs ex una parte, et Johannem dictum Noel et Thomam dictum scabinum, scabinos dicti episcopi
et alios cives Cathalaunensis civitatis ex alia, super modo faciendi scabinos
dicti episcopi in eadem civitate Cathalaunensi, et aliis scabinatum dicte civitatis
tangentibus, in unam summam concordantes canonico bonorum et juris peritorum consilio forma commissionis et peritatis nobismet concesse a partibus diligenter observata dicto reverando patre et procuratoribus dictorum scabinorum
et aliorum civium predictorum presentibus, bona fide et pro bono pacis pronuntiamus electionem substituendorum scabinorum loco defficentium ad scabinos dicti episcopi qui pro tempore fuerint superstites pertinere. Et electos
laycos justiciabiles episcopi Cathalaunensis et de banno suo Cathalauni existentes nominare et presentare predicto episcopo seu ejus baillivo, ad episcopum verò pertinet.

Et debet idem episcopus sic electos non patientes deffectum rationabilem, nec habentes excusationem legitimam et ipsi seu Baillivo suo nominatos seu presentatos compellere, ut jus erit, per se vel per Baillivum
suum quem superstites scabini requisierunt onus scabinatus suscipere,
juramentum consuetum indicere et indictum recipere, sicque electos, nominatos seu presentatos et juratos predicto episcopo seu Baillivo in officio
scabinatûs instituere et eis conjuratis concedere peritatem exercendi officium scabinatûs prout est Cathalauni consuetum. Ita tamen quod dicti sca

bini superstites dicto episcopo presentare electos seu nominare primo teneantur. Et dictum dominum episcopum super dictis, compulsione, juramenti indictione et receptione, institutione in officio scabinatûs et con-
cessione peritatis exercenai officium scabinatûs teneantur primò requirere,
si dictus dominus episcopus in civitate Cathalaunensi vel infra duas
leucas a dicta civitate computandas presens fuerit; forma autem juramenti
a substituendis scabinis in scabinatu predicto prestandi ipsi episcopo seu
Baillivo talis erit qualis etiam consuevit : videlicetque subtituendus scabinus, electus, nominatus seu presentatus a superstitibus scabinis dicti episcopi jurabit episcopo seu Baillivo se honorem et jura episcopi fideliter servaturum ; item partium jura in firmando, judicando, recordum facienda
et alia que ad officium scabinatûs pertinent exercendo prout est hactenus
Cathalauni consuetum fideliter servaturum et facturum. Item ordinamus
sub forma predicta et pronunciamus quod si quis electus a superstitibus
scabinis dicti episcopi, nominatus seu presentatus episcopo seu ejus Baillivo propter aliquem deffectum rationabilem, non institueretur vel crearetur
tur scabinus ab episcopo vel ejus baillivo, in hoc casu peritas eligendi
alium reverteretur, semel tamen illa vice, ad scabinos superstites. Et si
propter aliquam excusationem rationabilem et legitimam excusaretur, in
hoc casu, potestas eligandi alium reverteretur ad scabinos superstites
eligentes de uno in alium donec completus esset numerus deficientium
scabinorum ; qui numerus in universo usque ad septem debet esse. Insuper pronunciamus de expresso consensu partium quod per dictam electionem et alia supradicta corpus aliquod seu aliqua communia scabinis
vel aliis civibus Cathalaunensibus minime acquiratur nec propter aliquam
litteram quam concessurus sit rex, eisdem si concedat super predictis, quod
est et erit propter voluntatem ac requisitionem episcopi supradicti, jus
novum eisdem acquiratur nec aliquod prejudicium eidem episcopo nec successoribus ejusdem generetur in futurum, promittentes et ordinantes co-
gnitionem et judicium in predictis et de predictis ad dictum episcopum et
ejus successores et in sua curia pertinere, et salvo in omnibus aliis jure
dicti episcopi episcopatûsque sui : in cujus rei testimonium sigilla nostra
presentibus litteris duximus apponenda. Datum et actum anno domini M.
CC. octogesimo octavo, mense junii.

X. *Charte de l'évêque pour céder un cimetière aux Juifs, du samedi après
la Saint-Denis*, 1320.

XI. *Charte du roi, relative aux drapiers, de mai* 1328, *en français.*

XII. *Formule du serment des gardiens de la draperie.*

XIII. *Accord entre l'évêque Pierre de Latilly et Hues, seigneur de Bazoches, chevalier, vidame de Châlons, par Baudoin de Clacy, chevalier, vidame de Laon, Guy de Chaumont, archidiacre de Joinville, Jean de An-
villers, bailli de Châlons, et Remi de Courtisols, adroué* (en français).

1° Sur quelques menus cens dûs au vidame *du comeus dehus à Chau-
lons pour la mouturé et le mangier.*

2° Pour la mairie du ban de l'évêque à S. Menge, le vidame ayant droit
sur les exploits d'icelle.

3° Sur les estallages de S. Mange: le vidame n'y a plus de droit, mais on doit
par estel 1 maille à l'évêque et 1 à l'abbaye, des denrées vendues.

4° Le prévôt de Châlons seul maître de délivrer des brevets de boulanger, et de porter amende contre les contrevenants.

124

5° Droit perçu par le vidame sur les exploits du prévôt de Châlons et Sarry.

6° « Disons que lidy messire li évesque paiera et est tenu à paier les gaiges de son prévost de Chaalons, toute fois qu'il baillera la prévosté en garde, et aussis le louaige de la loge et les gaiges des clers de la loge ; et se il la baille à ferme il ne sera de riens chiargiers des gaiges desdits prévost et clers, ne dou louaiges de la loge et n'en paiera riens messire li évesque ne li vidame , mais le paiera li prévos fermiers. »

7° Le clerc de la loge n'est pas tenu à prêter serment au vidame.

8° Le vidame n'a nul droit sur l'émolument du scel du bailliage de Châlons ni des amendes. Mais ce droit existe sur les amendes, exploits et recettes de la prévôté par *les agents* de l'évêque.

9° Le vidame réclamait 15 livres tournois par nouveau prévôt de Châlons : « Disons que li dy vidasme n'aura chacuns an que 15 livres tournois à la nativité de S. Jean-Baptiste , ou a autre jour pour l'entrée le prévost soit vies ou nouveau , soient un ou plusieurs, institué en lan , en garde ou à ferme. »

10° Le terrier du vidame quitte du droit de *chaucie*.

11° Pour le tiers du pré aux bœufs et du pré de l'état que le vidame réclamait à tort comme droit de nouvel acquêt.

12° Censives à Sarry de 200 livres ; le tiers au vidame.

« Li évesque d'autre part disait que en son préjudice li dis vidasme de nonvel faisait garder son pré, (près l'île) à Châlons, par deux varlets garnis d'espées , arçons , flèches et bastons estans en une loge faite en son pré, dès l'entrée de may, duquel grand temps après et que les autres près joignant étaient despouillés , lesquels , prenaient et gaigoient à fore les bourgois doudit monseigneur l'évesque et autres trespassants par sentes anciennes parmi ledit pré alans esbattre ou en lor ouvraiges et ciaus qu'ils ne pooient penre , ils demandoient que ils allaissent au prévost doudit vidasme pour lidit meffaist amender. » Défense de continuer faite au vidame , et de ne faire garder le pré au delà de temps vraiment nécessaire. »

13° « Sur ce que Bardole , garde des bois du vidasme, porte bouclier en écharpe , flèches et arçons tout à découvert en alant , passant et demeurant en la ville de Chaâlons , ce qui ne se peut supporter. » Défense signifiée au vidame sauf pour aller à son hôtel et de là aux bois.

XIV. *Accord entre l'évêque et l'abbé de Toussaint. mars 1323 (en français).*

XV. *Bail des moulins à foulon, 1325 (en français).*

XVI. *Accord pour ces moulins avec les Templiers, 1290.*

XVII. *Copie de la charte royale intitulée :* « Hec est ordinatio facta per « nos et concilium nostrum de mandato nostro super modo tenendi et a- « ciendi burgesias regni nostri.» 1302.

XVIII. *Confirmation du roi d'une sentence arbitrale relative à la dra-*
perie, et texte de la sentence, 1518.

XIX. *Sentence du bailli de Vermandois, pour les tisserands et les drap-*
piers, 1323.

XX. *Charte du roi relative aux aubains et bâtards, 1301*

XXI et **XXII.** *Deux chartes royales pour la drapperie. 25 décembre 1325 et 9 janvier (1324, nouveau style).*

XXIII. *Charte royale pour les aubains, février 1315 (français).*

XXIV. *Affranchissements par l'évêque des nommés Chevalier et Pierre aux-Masses, décembre 1224.*

Wilermus Dei gratiâ Cathalaunensis episcopus et comes Perticensis Omnibus presentes litteras inspecturis salutem in Domino. Ad universorum notitiam volumus pervenire quod Johannes Chevaliers et Petrus aus masses burgenses Cathalaunenses et de procinctu eorum sequentes, hanc habent libertatem : quod ipsi ab omnibus coustumiis, manibus mortuis et forimaritagiis ad episcopum Cathalaunensem pertinentibus liberi sint in perpetuum et immunes tali modo quod ipsi et heredes sive qui de eadem sunt parentela tenentur reddere apud Cathalaunum sicuti consueverint ad servicium episcopi Cathalaunensis unum militem ornatum sufficienter et paratum more militis quocienscumque communitas burgensium Cathalaunensium solvet talliam episcopo pro exercitu domini regis nisi forte episcopus cum burgensibus quittaverit. In cujus rei testimonium presentes litteras sigilli nostri munimine duximus roborandas. Actum anno Domini M°, CC°, vicesimo quarto, mense decembri.

XXV. *Accord de l'évêque pour le même sujet avec les deux affranchis, le troisième dimanche après la Madeleine, 1324.*

XXVI. *Charte royale pour la drapperie, 1324.*

XXVII. *Arrêt de la cour du roi pour les aubains. 1326 (français).*

XXVIII. *Liste des seigneurs devant foi et hommage à l'évêque pour sa comté-pairie.*

Messire Jehan de Chastelvillain doit l'hommaige de Sommevesle pairie de l'évesché de Chaalons, l'an 1307.

Guios de Fagnières fait l'hommaige de la ville de Fagnières à messire Pierre de Latilli, évesque, le lundi après le jour de S. Nicolas, 1315.

Messire Hues de Conflans, de la ville de Conflans.

Henris de Nicey, des terres de Thibaut au Mesnil, d'une mine d'avoine sur chaque chef d'hostel à Chaipi-de-lez-Saint-Germain, des terres de quartier à Sarry.

Messire Pierre de S. Mange, de XVIII fauchées de prez qu'on clame la Concye au finage de Juvigny.

Guillemin le Boutillers le quart de la bouteillerie et le quart son franc estal.

Jehan Verance ou de Rance, des ialoignies dou fruict à Châlons.

Jehan de Couci, un aultre quart dou franc estal au marché de Châlons.

Madame Jehanne de la Motte, Faulx et Cheppes,

Messire Eumeles de Valais, la moictié du quart dou minaige de Châlons.

Bertrand de Valais, XVIII septiers de blé sur le quart du minaige, le vendredy avant la S. Lorenz, 1315.

Humbert li Fruictiers, la maison du Bois, les moulins à blé et les bois devant les moulins, les moulins Batterans, les terrages, le gaignage, environ le journel de terre, 3 arpents de vigne, environ XVIII fauchées de prés, le quart en lozeroi, la mairie de leur justice. C'est assavoir cens, coustumes, les ventes, amendes, justice, haulte, basse, et si à une cous-

tume qu'on appelle minettes , environ 32 muis de vins de vinages , le tiers
des dixmes des vins de Vésigneul , les jardins et tous les bois appartenant
à ladite maison. Item , une maison séante à Vésigneul , et deux chenevières
de lez ladite maison, la moitié du péage de Méri et un sixième sur le tout.
et le redouble dou péage, c'est à savoir ce qu'on en prend ès moulins entre la Penthecote et la S. Remi ; les corvées des chevaux de Vésigneul , de
S. Germain , de Chepy. Item deux , ... qu'on tient dudit Humbert , environ XL livres de terre : les hommes et femmes de corps.

Guios de Monciaulx . son manoir, son droit dou ban et de la justice , et
est souverain de tous les compagnons. Item le moulin à blef.

Jehan de Melette , le tiers des dixmes de blef de Vésigneul . la maison
d'Ales-le-Moustier , le jardin devant la porte.

Jehan d'Olisy, le four de S. Germain-la-ville.

Damoiselle Faugue de Monciaulx de xv journels de terre en finaige de
Monciaulx, quatre faulchées de prés . le VIIe aux terrages.. . . . la moitié de
la noue de la cour devers l'eau , 2 muids de vin en la dixme de la ville. Item.
le mez arrière la maison Coquet. Item , sa part de la rivière, dou ban, justice,
cens et coustumes.

Ludiette fille de Jehan Noël et Henry de Clacy , xvi faulchées de pré ,
de lez Matongues.

Laditte Ludiette , VIII septiers d'avoine à S. Pierre de lez Villers , et
doibt pour ce service un cheval de 60 sols.

Damoiselle Aalix femme de Claein de Juvigny , tient XIV septiers de blef.
XIII oelines, en quoi tient VII septiers III mines.

Poincines de Juvigny.

Gardin de Hangest fait homaige de Villevenard à M. l'évesque . l'an 1325.

Pienaus d'Escury , une maison séante à Chaalons qu'on dict en Vaulx.

Damoiselle Isabeau de S. Germain , XXV sols en hommes.

Guillaume de S. Florentin , tient à S. Germain , les terrages du Bourg et
la mairie et un chevage.

Jacquesson Tardiaus , XVI quartiers de coustumes, les quartiers, la Pichette , Raoul , Hugier , Morel . Mone , Pruleart . le Begeour , sire Pierre.
la Planche , Parre , Fauquin , Guillaume dou Moutier , Bauduin ; Allard ,
Tribouard ; les 1/2 quartiers Thevenard , Petillon ; le quartier a. . . . .

Guiars de Vauchaus tient à Pois environ un muy de bled , en la dixme ,
un muy en terraige , XIII septiers blef ou avoine à coustumes de la taille
d'Agnès Benoyes , environ 7 sols 6 deniers en argent à la S. Remy : huit
moutons a Pasques , 22 gelines et 15 œufs à chacune géline.

Rogiers de Mirouau , 100 sols par an qu'il prend en la bourse de M. l'évesque , le jour de la S. Remy.

Guillemette d'Escury , IV faulchées de pré dessous Songny et 8 septiers
de blef des terrages de Glacourt.

Jehan du Frayne tient tous les rivages de S. Germain et 10 masures d'hommes.

Messire Guillaume de Breutières tient v faulchées de pré entre S. Martin
et Songny en la terre de Glacourt.

Jacques Cartula fait homaige de Fontaine ioval , l'an 1521.

Madame Jeanne de Champlot tient Coupel et toute la justice du lieu.

Messire Henris d'Olisi , tient la rivière de Vésigneul. Item la moitié des
corvées des chevaulx de Vésigneul , de S. Germain et de Chepy , pour
cause des pasturages et des aisances desdites villes.

Poincines de Juvigni tient , dudit messire Henris , le quart du peaige de Merri , excepté un sixième que tiennent li hoir le fruitier de Vésigneul , et 5 muids de vin sur la dixme de Melette.

Messire Hues de Conflans tient la taille de Bussy , et toute la justice et appartenances.

Pierre de Courtisoul fait l'hommaige de Sommevesle , l'an 1531.

Messire Eustache de Vaudenay fait l'hommaige à Messire Charles de Poitiers evesque de ce qu'il tenait en la ville de Jalus et celles de Villevenard. Bannel , Fromentières et Bayes , l'an 1390.

Colars de Saulx fait l'homaige à messire de Chaalons des louaiges de Vésigneul qu'on dit de Maidei , de la moitié des vinaiges , du tiers de la dixme des vins , de la rivière de Vésigneul , de la moictié des corvées de S. Germain , Vésigneul et Chepey.

Item de la ville de Couppel , justice et appartenances ; les hommes de Cernon ; XXIV septiers de blé , la justice dudit Cernon.

Madame Jehanne de Vaudenai fait hommage à messire Archambauld , évesque , le 3 mai 1382, du fief de Fromentières et de Bannel, de la rivière de Courfélix , de Fontaine-Aubron , de la ville de Bayes , Jalns Villevenard et la paroisse.

Antoine Dauchy fait homaige audit sieur Archambaud, le 21 apvril 1382. de ville de Joches et de partie des Bouleaux.

Jehan de Nelles fait homaige à messire Charles de Poictiers de la part qu'il tenait à cause de damoiselle Marguerite de Vaudenay sa femme , ès ville de Fromentiéres , Jalus, Bayes et Bannel, le 8 aout 1391.

Le chapitre de Chaalons tient plusieurs terres et villes du fief du Conte.

L'abbaye de S. Pierre , aux monts y en tient aussi plusieurs.

L'abbaye de S. Mange , ibid.

L'abbaye de Toussaints , ibid.

Le prieur de S. Gond baille son denombrement de Champaubert, la veille de S. Jehan-Baptiste 1340.

L'abbesse de Andecis tient Andecis admorty de messire l'évesque.

Le prieur de Vanaulx-les-Dames tient ledit Vanaulx admorty de messire l'évesque , à cause de Helz-l'Evesque.

La prieure de Vignels tient son prieuré admorty comme est Vignels et S. Martin admortis.

Messire Robert de Bethunes bailla son dénombrement et adveu de Baye des fiefs de Bayes , Fromentières , Jalus , Villevenard , Joches et Bannel , l'an 1458.

XXIX. — Acquisition faite par l'évêque Pierre de Latilly de la terre de Saint-Germain, le vendredi avant Noël , à *Perars li sours* , *sire de Suigny de les Bourse en Champaigne* , pour 500 livres tournois.

Acquisition par le même de ce que G. de S. Florentin , chevalier , avait au même lieu , pour 80 livres; 1521.

Acquisition au même lieu du four bannal qu'avait Jean de Contrenne , pour 58 livres , 1521.

Acquisition au même lieu de quelques terres et de la justice à Henri Coquelin : 1521.

Acquisition au même lieu de ce que possédait Jean le Moine de Blacy : mars 1521.

Acquisition au même lieu de maisons appartenant à Vauthier Coquelin, écuyer; 1322.

Acquisition au même lieu de terres, hommes, femmes de corps à Béatrix, femme de feu Aymar du Fresne, chevalier;

Acquisition au même lieu des biens de Haimart de Cumières, pour 80 livres; février 1522.

Acquisition au même lieu des biens de Henri de Monfélix, pour 10 livres et 16 sols.

XXX. — *Item* Acquesta messire li évêque à l'abbé de S. Pierre, come exécuteur de M⁰ Renaud son neveu, clerc, fils jadis Remy de Sommessant, la maison qu'on appelle la Loige de Chaalons, séant en la grant rue et une maison emprès la ruelle entre deux, parmi 111 livres tournois, si come de ce appert par lettres de la baillie de Chaalons et de la cour spirituelle de messire, sur ce faites en l'an mil ccc vint et cinc, le mardi jour de la feste Saint-Barnabé apôtre.

Acquisition par l'évêque de biens sis à Faulx à Jacquier Morel de Mairy, écuyer; 1326.

XXXI. — Acquisition au même lieu des biens de Moriaux de Mairy; 1327.

XXXII. — « Ce sont les parties en quoi les rentes Monsieur de Chaalons sont demandées, enquisses et levées à ceus qui plus anciennement et de nouvel ont tenus et tiennent lesdites rentes au mieus et plus juste que on le puet savoir, par Brisce de Laon, clerc de la Loige de Chaalons en l'an mil ccc xv. »

Ce recueil renferme la plus grande partie des documents que nous avons rapportés au chapitre des droits perçus sur les denrées vendues au ban épiscopal; nous l'avons seulement complété avec le cartulaire conservé à l'hôtel de ville.

IV.

NOTE SUR LES DOCUMENTS MANUSCRITS CONSERVÉS A LA BIBLIOTHÈQUE ROYALE.

Il existe à la bibliothèque royale, section des manuscrits, six cartons remplis de documents relatifs à Châlons, mais tous sont des copies de chartes de diverses époques. Cependant je dois citer:

1° *Pouillé du diocèse et de l'évêché de Châlons*, par Nicolas Laficquet, chanoine, 1630. On y voit que l'évêque nommait aux cures de Heiltz-l'Evêque, Minecourt, Tonnance, Contault, Congy, Saint-Remy-en-Bouzemont, Thiéblemont; à 28 chapelles; visitait 18 abbayes de son diocèse et 18 prieurés.

2° *Inventaire des pièces produites par le chapitre pour prouver son droit de minage et de mesurage dans quelques maisons contre l'évêque.* Un gros registre in-f°, xv⁰ siècle.

3° *Vie de Saint-Memmie* : copie certifiée par le bibliothécaire de Saint-germain-des-Prés , sur un manuscrit de la bibliothèque de cette abbaye , oté 807 , ancien de 4 à 500 ans , le 16 avril 1686 , signé : frère Placide orcheron.

4° *Vie de Saint-Leudomir.*

FIN.

TABLE.

—

DEUXIÈME PARTIE.

Documents.

TYP. DE BONIEL-LAMBERT.

www.ingramcontent.com/pod-product-compliance
Lightning Source LLC
Chambersburg PA
CBHW051720090426
42738CB00010B/2015